História da teologia

O selo DIALÓGICA da Editora InterSaberes faz referência às publicações que privilegiam uma linguagem na qual o autor dialoga com o leitor por meio de recursos textuais e visuais, o que torna o conteúdo muito mais dinâmico. São livros que criam um ambiente de interação com o leitor – seu universo cultural, social e de elaboração de conhecimentos –, possibilitando um real processo de interlocução para que a comunicação se efetive.

Roberto L. Renner

História da teologia

 EDITORA intersaberes

Rua Clara Vendramin, 58 . Mossunguê
CEP 81200-170 . Curitiba . PR . Brasil
Fone: (41) 2106-4170
www.intersaberes.com
editora@editoraintersaberes.com.br

Conselho editorial
Dr. Ivo José Both (presidente)
Dr.ª Elena Godoy
Dr. Nelson Luís Dias
Dr. Neri dos Santos
Dr. Ulf Gregor Baranow

Editora-chefe
Lindsay Azambuja

Supervisora editorial
Ariadne Nunes Wenger

Analista editorial
Ariel Martins

Preparação de originais
Juliana Fortunato

Capa e projeto gráfico
Charles L. da Silva

Diagramação
LAB Prodigital

Iconografia
Vanessa Plugiti Pereira

Dados Internacionais de Catalogação na Publicação (CIP)
(Câmara Brasileira do Livro, SP, Brasil)

Renner, Roberto L.
    História da teologia/Roberto L. Renner. Curitiba:
InterSaberes, 2015. (Série Conhecimentos em Teologia)

    Bibliografia.
    ISBN 978-85-443-0364-1

    1. Teologia cristã 2. Teologia – História I. Título.
II. Série.

15-10776   CDD-230.09

Índice para catálogo sistemático:
1. Teologia cristã: História   230.09

1ª edição, 2015.
Foi feito o depósito legal.

Informamos que é de inteira responsabilidade do autor
a emissão de conceitos.
Nenhuma parte desta publicação poderá ser
reproduzida por qualquer meio ou forma sem a prévia
autorização da Editora InterSaberes.
A violação dos direitos autorais é crime estabelecido na
Lei n. 9.610/1998 e punido pelo art. 184 do Código Penal.

EDITORA AFILIADA

sumário

9   *apresentação*
13 *introdução*

capítulo um
15 **Teologia: aspectos importantes**
17 1.1 Concepções e aspectos históricos da teologia
20 1.2 Os três pilares sobre os quais a teologia é construída
23 1.3 A importância de conhecer a história da teologia
26 1.4 A importância das reflexões teológicas

capítulo dois
33 **O pensamento teológico nos primeiros séculos do cristianismo**
35 2.1 Os Pais Apostólicos
38 2.2 O entendimento dos Pais Apostólicos sobre as Escrituras Sagradas
40 2.3 O entendimento dos Pais Apostólicos sobre a Cristologia

41	2.4 O entendimento dos Pais Apostólicos sobre a igreja
43	2.5 Características gerais do ensinamento dos Pais Apostólicos
47	2.6 Os apologistas
50	2.7 Tertuliano (160 d.C.-230 d.C.)
54	2.8 Justino Mártir (100 d.C.-165 d.C.)

capítulo três

61	**O pensamento teológico e a organização da igreja**
63	3.1 Aspectos que levaram a igreja a mudar o próprio estilo
64	3.2 Os bispos e suas atribuições
65	3.3 O surgimento dos credos
68	3.4 A definição do cânon bíblico

capítulo quatro

81	**O pensamento teológico de Agostinho**
83	4.1 Biografia
84	4.2 Agostinho e a filosofia
86	4.3 O entendimento de Agostinho sobre a igreja
88	4.4 O entendimento de Agostinho sobre a relação entre pecado e graça divina
90	4.5 O entendimento de Agostinho sobre o batismo

capítulo cinco

99	**O pensamento teológico na Idade Média**
101	5.1 Desenvolvimento histórico
104	5.2 A Grande Ruptura
108	5.3 Escolástica
111	5.4 Tomás de Aquino (1225-1274)

capítulo seis
121 **O pensamento teológico e a Reforma**
123 6.1 Precursores da Reforma
127 6.2 Martinho Lutero (1483-1546)
147 6.3 Zuínglio (1484-1531)
150 6.4 João Calvino (1509-1564)

capítulo sete
157 **A teologia do século XX e seus maiores pensadores**
158 7.1 Karl Barth (1886-1968)
163 7.2 Emil Brunner (1889-1966)
166 7.3 Rudolf Bultmann (1884-1976)
170 7.4 Paul Tillich (1886-1965)
174 7.5 Karl Rahner (1904-1984)

185 *considerações finais*
187 *referências*
199 *bibliografia comentada*
201 *gabarito*
205 *sobre o autor*

apresentação

Esta obra apresenta algumas das ideias do pensamento teológico cristão.

Não temos a pretensão de achar que este escrito contemplará todo o pensamento teológico construído durante os 20 séculos do cristianismo e temos o pleno entendimento de que muitos pensadores deixaram de ser mencionados, pois, de outra forma, esta obra se tornaria apenas mais uma enciclopédia. Abordaremos os motivos pelos quais o estudo da história da teologia é importante, assim como a importância dessa reflexão para o curso de Teologia.

No primeiro capítulo, trataremos dos diferentes aspectos relevantes e dos conceitos sobre o termo *teologia*, o qual podemos compreender, no sentido literal, como o estudo sistemático acerca da divindade, seus atributos, sua essência e sua existência, além dos três diferentes pilares sobre os quais a teologia é construída.

No segundo capítulo, apresentaremos aspectos relevantes sobre os Pais Apostólicos, entre os quais destacaram-se Clemente de Roma, Inácio de Antioquia, que foi bispo de Antioquia, e Policarpo de Esmirna, que foi um dos discípulos do apóstolo João.

Nesse capítulo, também abordaremos os apologistas – pensadores e escritores do século II que procuravam defender o cristianismo contra as heresias que se levantavam naqueles dias. Entre os apologistas, destacaram-se Tertuliano, que é considerado o principal apologista, e Justino Mártir, que faleceu no ano 165 d.C.

No terceiro capítulo, apresentaremos os aspectos relevantes que produziram mudanças na maneira de a igreja se organizar. Um fato importante é que ela deixou de ser uma seita perseguida para se tornar uma instituição que buscou hierarquização da liderança, formulação dos credos e também o fechamento do cânon. A estrutura de uma hierarquização da liderança foi necessária, pois, com o passar do tempo e com o crescimento das igrejas, houve a necessidade de alguém que organizasse e liderasse os presbíteros, surgindo, assim, a figura do bispo.

Outro aspecto relevante que abordaremos nesse capítulo será a criação do credo, que ocorreu por conta das falsas doutrinas que foram aparecendo no decorrer da história e que a cada dia apresentavam maior influência. Relataremos ainda que, no decorrer da história, começou-se a perceber que havia a necessidade de estabelecer quais seriam os livros que poderiam fazer parte da Bíblia e seriam aceitos pela igreja; dessa maneira, surgiu o Cânon Bíblico, tanto do Antigo Testamento quanto do Novo Testamento.

No quarto capítulo, temos por objetivo apresentar aspectos relevantes sobre Agostinho de Hipona. Ele nasceu no ano de 353 d.C. e faleceu em 430 d.C. Aspectos importantes de sua formação pessoal e acadêmica serão trabalhados, pois contribuíram de forma relevante para a vida dele, como a influência que a filosofia neoplatônica teve em sua formação. Outro ponto que exploraremos será o entendimento que ele tinha da igreja. No pensamento de Agostinho, a igreja é um corpo de santos e pecadores e não pode excluir aqueles que haviam negado a fé por um motivo ou outro. Também trabalharemos a visão dele em relação ao pecado do ser humano e à graça divina e exporemos qual era o seu entendimento sobre o batismo.

O quinto capítulo mostra aspectos relevantes sobre a Idade Média, compreendida como um período da história da Europa que se encontra entre os séculos V e XV, cujo início ocorreu depois da queda do Império Romano. Outro ponto importante que trabalharemos nesse capítulo será o rompimento da Igreja do Ocidente com a do Oriente. Muitos foram os fatores que levaram à Ruptura: aspectos teológicos, políticos e doutrinários – questões que, ao longo da história, minaram essa relação. Também trataremos sobre o movimento escolástico e suas influências. O termo *escolástica* vem de *schola* ("escola"), e é compreendido como o método de ensino utilizado nas universidades da Idade Média na Europa por aproximadamente 400 anos – do ano 1100 até por volta de 1500. Por último, trataremos de Tomás de Aquino, um personagem de extrema importância na teologia, em especial para o catolicismo; para muitos, Tomás de Aquino é, sem dúvida nenhuma, o maior teólogo da Igreja Católica entre Agostinho e Karl Rahner.

O sexto capítulo desta obra apresenta aspectos relevantes sobre a Reforma Protestante. Primeiramente, exploraremos os diferentes fatores que contribuíram para a Reforma e alguns de seus personagens importantes, como João Wycliffe e Erasmo de Roterdã. Depois, trataremos de Martinho Lutero e seus diferentes entendimentos sobre a cruz de Cristo Jesus, a justificação, as Escrituras, a graça, o arrependimento e o perdão dos pecados, a Ceia do Senhor e o culto. Discorreremos ainda Ulrico Zuínglio, que nasceu no dia 1º de janeiro de 1484, na cidade de Wildhaus, na Suíça, e faleceu no dia 11 de outubro de 1631. Por último, abordaremos a vida e a obra de João Calvino, sua bibliografia e seu entendimento sobre os diferentes aspectos históricos.

No sétimo e último capítulo, mostraremos alguns teólogos do século XX, bem como seus pensamentos. Trataremos de Karl Barth, que nasceu no dia 10 de maio de 1886, na Basileia, cidade da Suíça, e faleceu no dia 10 de dezembro de 1968; Emil Brunner, que nasceu no dia 23 de dezembro de 1889, na cidade de Winterthur, na Suíça, e faleceu no dia 6 de abril de 1966, em Zurique, também na Suíça; Rudolf Bultmann, que nasceu no dia 20 de agosto, na cidade de Wiefelstede, na Alemanha, e faleceu no dia 30 de julho de 1976, aos 91 anos, na cidade de Marburgo, também na Alemanha; e, por último, Paul Johannes Oskar Tillich, que nasceu no dia 20 de agosto de 1886, na cidade de Starosiedle, na Polônia, e faleceu no dia 22 de outubro de 1965, em Chicago, Illinois, nos Estados Unidos.

introdução

Para quem estuda a teologia, é importante conhecer e compreender a história dessa ciência, pois, embora desde o início até os dias atuais o cristianismo tenha mantido muitos dos seus princípios, ao longo da história houve vários ataques e ideias subversivas colocadas por indivíduos que tinham o objetivo de contaminar o pensamento central do cristianismo.

Se não fosse a determinação e a persistência de vários pensadores cristãos, a essência do cristianismo poderia ter sofrido muito. Sendo assim, você observará, no decorrer desta obra, que, ao longo da história do cristianismo, muitos homens se levantaram para manter em pé a bandeira do pensamento cristão que foi apresentado por Jesus Cristo e por seus discípulos nos primeiros anos do cristianismo.

capítulo um

Teologia: aspectos importantes

Neste capítulo, apresentaremos alguns aspectos relevantes sobre os diferentes conceitos e entendimentos da teologia. Para isso, analisaremos três diferentes pilares sobre os quais a teologia é construída:

1. O primeiro pilar é a Bíblia. Na teologia, existe a necessidade de utilizar as Escrituras Sagradas para apoiar as ideias e os estudos, e a Bíblia precisa ocupar o próprio espaço dentro da teologia.
2. O segundo pilar é a tradição. A palavra *tradição* é compreendida como "transmissão", algo que é transmitido por diversas gerações até chegar aos dias atuais.
3. O terceiro pilar é a cosmovisão, ou seja, a maneira de pensar do mundo moderno. Cada povo e cada cultura leva consigo uma maneira única e exclusiva de ver e compreender o mundo e a natureza.

Além disso, abordaremos aspectos históricos e falaremos sobre a importância do estudo do pensamento teológico.

1.1 Concepções e aspectos históricos da teologia

Quando falamos em *teologia*, é importante termos em mente que existe uma gama enorme de definições.

A palavra *teologia* vem do grego *theos*, que é compreendido como "divindade", e *logos*, que tem o significado de "a palavra". Desse modo, a *teologia* pode ser definida como o estudo sistemático acerca da divindade, de seus atributos, de sua essência e de sua existência.

De acordo com Grenz e Olson (2003, p. 7), a "teologia pode ser definida como a reflexão intelectual sobre o ato, conteúdo e implicações da fé cristã". Desse modo, é necessário tomarmos cuidado para que nossas reflexões não estejam impregnadas de ideias e entendimentos equivocados, os quais venham a contaminar nossos pensamentos teológicos.

De acordo com o entendimento bíblico, o ser humano é possuidor de uma natureza pecaminosa, tendenciosa, e tende facilmente ao erro.

Para Clemente de Alexandria, no fim do século II, a teologia cristã teve uma disparidade com a mitologia dos escritores pagãos, aqueles que não eram cristãos. A incorporação do termo *teologia* pelo cristianismo aconteceu, de maneira mais acentuada, a partir da Idade Média; entre os séculos IV e V, começou a destacar-se como o entendimento do saber ou o conhecimento das as coisas acerca de Deus.

O cristianismo se desenvolveu em uma atmosfera politeísta, ou seja, na qual havia uma compreensão de vários deuses. Se existe a propagação ou a ideia da existência de muitos deuses, faz-se necessário ser estabelecido, ou pelo menos entendido, a qual deus estava se dirigindo. Dessa forma, os primeiros escritores cristãos tiveram como tareja "separar", ou diferenciar, o Deus do cristianimos dos deuses pagãos. No entanto, há casos de tamanha fé cristã nos quais não houve essa preocupação. Como exemplo podemos citar Tomás de Aquino, que tentou provar a existência de Deus, mas não se preocupou em dizer que esse era o Deus dos cristãos, pois para ele não existia outro deus.

Há tempos, a teologia era vista como a análise sistemática da natureza, dos diferentes propósitos e atividades de Deus; o que é bastante diferente de falar de um ser divino muito superior aos seres humanos. Para McGrath (1998, p. 2), no início se entendia a *teologia* simplesmente como "a doutrina de Deus", que se desenvolveu para abranger a totalidade das doutrinas cristãs.

É válido ressaltar que, até o século XI, o estudo da teologia era realizado nos mosteiros, com o objetivo direcionado aos assuntos práticos, como oração e espiritualidade. Já assuntos teóricos e filosóficos não eram considerados relevantes.

A partir dos séculos XII e XIII, a teologia começou a ser introduzida nas universidades, o que estimulou sua sistematização.

As universidades basicamente atuavam em quatro áreas: artes, medicina, direito e teologia; por meio dessas instituições, o estudo da fé cristã começou gradualmente a se tornar público, ou seja, não era mais algo a ser estudo e analisado pelos religiosos dos mosteiros, como era no início. Com essa prática, no decorrer dos séculos, a teologia começou a ser vista como uma área teórica em vez de prática; ou seja, muitos que a estudavam a analisavam como uma área de estudo, uma ciência, e não mais como algo prático da fé cristã.

Lutero e os outros reformadores não mediram esforços para retornar ao aspecto prático da fé; tornar a teologia algo mais voltado para a realidade do povo e suas necessidades.

Calvino fundou sua academia no ano de 1559 com a preocupação de capacitar pastores para que se voltassem às necessidades da igreja. O objetivo não era formar teólogos ou estudiosos que ficariam divagando sobre os diferentes problemas teológicos, mas sim pastores, líderes que se preocupariam com as necessidades dos rebanhos.

A partir do século XVIII, principalmente com o Iluminismo, e em especial na Alemanha, questionou-se o lugar da teologia nas universidades. A compreensão que se tinha na época era de que a teologia era vista e baseada em algo ligado à fé, como encontramos nas confissões e na Bíblia (McGrath, 1998).

A partir do século XIX, Friedrich Daniel Ernst Schleiermacher, pregador em Berlim, na Igreja da Trindade, e professor de Filosofia e Teologia em Halle e Saale, argumentou sobre a importância da presença da teologia nas universidades. A ideia dele era que seria bom, tanto para o Estado quanto para a igreja, ter pessoas com um bom nível acadêmico. No entendimento dele, existiam três partes importantes na teologia:

1. a teologia filosófica, que mostra ou revela "a essência do cristianismo";
2. a teologia histórica, que tem por objetivo olhar para a história da igreja e entender a sua situação atual e suas necessidades;
3. a teologia prática, que se preocupa com as diferentes maneiras de liderança da igreja e com a prática do cotidiano desta.

Nos dias atuais, a teologia não está em alta, pois as pessoas estão abertas para conhecer a Deus, mas têm certa resistência quanto ao estudo dessa área. Uma pesquisa realizada nos EUA, em 1994, descobriu que tanto leigos quanto pastores deixaram o "conhecimento teológico" em último lugar entre as cinco mais importantes qualificações de um bom pastor (Grenz e Olson, 2001, p. 10).

1.2 Os três pilares sobre os quais a teologia é construída

É importante entendermos que, para que a teologia exista e se consolide, é preciso ter algo em que se apoiar ou que sirva como ponto de partida.

1.2.1 O primeiro pilar: a Bíblia

A teologia tem a necessidade de utilizar as Escrituras Sagradas para apoiar suas ideias e seus estudos. A Bíblia, então, precisa ocupar o próprio espaço no que diz respeito à essa ciência.

Nesse mesmo aspecto, a teologia precisa analisar quais serão os métodos de interpretação da palavra de Deus, pois, dependendo do método utilizado, a compreensão terá outro sentido. É preciso levar em conta de que maneira a teologia, ou quem dela se utiliza, trabalhará as aparentes contradições que a Bíblia apresenta.

A teologia se fundamenta sobre três pilares que darão solidez ao pensamento teológico, dependendo do uso correto de cada um deles: a Bíblia, a tradição e a cosmovisão.

1.2.2 O segundo pilar: a tradição

A palavra *tradição* deriva do latim *traditio*, que é compreendido como "transmissão", algo que é transmitido ou passado para o presente. Dessa maneira, entendemos *tradição* como um conjunto de valores, ideias e crenças de um grupo ou de um povo que são seguidas, ensinadas e compartilhadas no decorrer dos anos, passando de uma geração a outras.

Esse entendimento pode ser observado em muitos povos e em muitas culturas, pois alguns valores e princípios são passados de pais para filhos. Antes de a Bíblia ser escrita, foi passada adiante somente pela tradição, de forma verbal. Nos primeiros séculos, era aceito que a Bíblia – no entanto, tradição fossem idênticas, o que, de modo geral, era verdade (Lane, 2000).

A tradição é algo muito importante dentro dessa compreensão, mas que começou a se tornar perigoso para o cristianismo. Na Idade Média, a tradição começou a ser utilizada como meio de justificar as crenças que não estavam expressas ou registradas na Bíblia. Isso começou a preocupar os reformadores, pois a tradição precisaria ser avaliada pela Bíblia – no entanto, ela tinha o mesmo peso da Bíblia e, em alguns casos, até superior.

Para Lane (2000, p. 11), "é impossível para qualquer grupo por mais informal que seja, existir por um período de tempo sem a tradição, tampouco isso seria aconselhável". A tradição faz parte, portanto, da vida de cada ser humano; para o cristianismo, é algo relevante e tem contribuído muito para manter os diferentes grupos; entretanto, existe o perigo de que a tradição possa ocupar o lugar da Bíblia dentro da Igreja de Deus.

O que se pode observar no decorrer da história é que a Igreja Católica e a Ortodoxa davam ênfase à interpretação da Bíblia com base na tradição (Berkhof, 1985). Essa maneira de pensar, por um lado, dá certa orientação e evita pensamentos equivocados; por outro lado, dificulta a liberdade de pensamento. Um entendimento de que era possível simplesmente colocar a Bíblia como autoridade final poderia trazer algumas dificuldades, já que ela precisa ser interpretada, pois existem algumas passagens obscuras, reveladas pela tradição.

As igrejas protestantes, na época da Reforma, esforçaram-se para não colocar na tradição tanto peso ou, em alguns casos, tentar abandoná-la, mas isso se revelou impossível, pois, quando estudamos a Bíblia, temos um pré-entendimento, ou seja, os filtros que temos contribuem para enxergamos algo de uma maneira ou de outra, sobretudo em virtude das ideias que concebemos ao longo de nossa vida, isto é, das nossas tradições. Esse fator tem aberto a Bíblia para muitas interpretações totalmente erradas.

1.2.3 O terceiro pilar: a cosmovisão

A palavra *cosmo* ("mundo" ou "universo") somada à palavra *visão* (a maneira de se enxergar algo ou a maneira de se ver uma coisa, uma ideia ou um pensamento) significa uma maneira ampla de se pensar ou analisar fatores.

Cada povo e cada cultura levam consigo uma maneira única e exclusiva de ver e compreender o mundo e a natureza que está à sua volta. Essa particularidade de cada cultura é o que muitas vezes dá um entendimento totalmente diferente do outro grupo; dessa maneira, pode haver divergências que podem acarretar situações de conflitos.

No Brasil, podemos perceber isso nas diferentes compreensões que cada grupo indígena tem do mundo. Existem muitas diferenças nos aspectos da cultura, os quais podem variar bastante entre os povos ou até mesmo dentro de um mesmo grupo – aspectos como a forma de organização social, os rituais que expressam a religiosidade do grupo, expressões artísticas e muitos outros revelam a visão ou a cosmovisão de cada povo.

Cada um de nós é influenciado pelo exterior, principalmente na maneira de ver as coisas. Essa compreensão contribui e muito para que tenhamos uma estrutura de pensamento, e sobre esta construímos a nossa teologia. O que fica para refletir é se a maneira que enxergamos o mundo ou as coisas a nossa volta é melhor ou pior que a visão de mundo que tínhamos há alguns anos ou séculos. A maneira como nossos pais ou avós viam certas coisas pode ser bem diferente da maneira como nós as enxergamos nos dias atuais. Nossa forma de interpretar a Bíblia, as dificuldades da igreja e do nosso cotidiano está ligada à nossa visão de mundo, ou seja, à nossa cosmovisão. Muitas pessoas não conseguem enxergar isso, razão por que não percebem que suas ideias ou seus entendimentos podem estar impregnados pelas ideias ou pelos pensamentos do mundo que as rodeia.

1.3 A importância de conhecer a história da teologia

É de suma importância que possamos entender de que maneira a igreja foi construindo sua teologia ao longo da história, pois, de posse desse conhecimento, podermos perceber como as doutrinas bíblicas se desenvolveram ao longo da história, o que contribui para o enfrentamento de possíveis heresias e doutrinas erradas que surgem também nos dias de hoje.

É preciso questionarmos, por exemplo, se a construção ou a criação de uma ou de outra doutrina estava ou não baseada nas Escrituras ou foi resultado de conjuntos culturais e sociais da época.

Contemporaneamente, é natural cometermos os mesmos erros teológicos do decorrer da história do cristianismo; por exemplo, de acordo com Olson (2001, p. 15), "toda crença cristã relevante surgiu por razões urgentes e práticas". Todas as crenças tinham uma razão para ter surgido. Nos dias atuais, também podemos observar que, por uma questão de necessidade, têm surgido algumas crenças, por exemplo, no que diz respeito à ideia de prosperidade, de triunfalismo etc. Entretanto, não podemos deixar de apontar que este é um momento histórico, ou seja, dos nossos dias.

Os teólogos do passado reagiam a uma situação específica que enfrentavam naquele momento histórico; desse modo, tentaram da melhor maneira resolver o problema apresentando saídas. Com o passar dos anos, tais teólogos foram consagrados e reconhecidos pelo que fizeram.

Ainda citando Olson (2001, p. 16), percebemos que os teólogos, bem como muitos cristãos, não discutiam os assuntos simplesmente porque algo maior poderia acontecer, "as doutrinas foram propostas e desenvolvidas porque alguém percebeu que o próprio evangelho estava em jogo". O entendimento de que várias doutrinas foram sendo espalhadas pelo mundo levou à compreensão de que ainda faltava muito a ser decidido e definido no campo das doutrinas bíblicas.

Embora essa defesa do evangelho tenha sido necessária, podemos perceber, no decorrer da história, o exagero que levou algumas pessoas a matar e morrer por questões muito secundárias da fé cristã.

Quando olhamos para trás e vemos esses exageros, precisamos aprender a defender a nossa fé; ainda assim, faz-se necessário tomar o devido cuidado, pois com muita facilidade poderemos cair no erro de condenar aqueles que pensam de maneira diferente.

Existem doutrinas centrais e outras menos centrais. As doutrinas centrais defendem que não existe salvação para o ser humano

História da Teologia

senão por Jesus Cristo, razão por que devemos lutar e batalhar. As doutrinas periféricas, por sua vez, dizem razão por que devemos ter respeito e compaixão para com as outras pessoas.

Ao observarmos a história da teologia, podemos perceber que, em um passado não muito distante, defender ou ter a doutrina correta era algo de grande importância, uma vez que havia um zelo; entretanto, nos dias atuais, parece que estamos indo para o outro extremo. De acordo com Olson (2001, p. 17), "o cristianismo está correndo o risco de se tornar uma religião folclórica de culto terapêutico e sentimentos pessoais". Podemos perceber, nas palavras do autor citado, alguns perigos que pode correr o cristianismo, tendo em vista que pode se tornar um conjunto de mitos e lendas passado de geração a geração. Um segundo aspecto abordado pelo autor é que os cultos servem mais como um momento no qual as pessoas vão para se sentir bem.

As palavras de Stott (1995, p. 52) nos encorajam a valorizar a história:

> Mas, em que tipo de Deus creem eles? Pois o Deus da Bíblia é o Deus da história, o Deus de Abraão, de Isaque e de Jacó, de Moisés e dos profetas, dos apóstolos e da Igreja pós-apostólica, que cumpre seus propósitos através dos séculos. Se Deus é o Senhor da história, como podemos nós ignorá-la ou não nos interessar por ela?

É muito importante olharmos para a história e com ela aprendermos. Infelizmente, hoje ela tem pouco ou nenhum espaço nas igrejas e na sociedade como um todo. Parece que somente estamos preocupados com o agora, o imediato, em buscar solução para os problemas que nos afligem nesse exato momento.

1.4 A importância das reflexões teológicas

Para muitos, viver no mundo das ideias ou refletir sobre as coisas é perda de tempo; pensam que precisamos viver um dia após o outro, sem pensar muito ou refletir sobre o que vemos, ouvimos ou sentimos. Nesse sentido, refletir sobre as palavras de Sócrates é de suma importância: "a vida não examinada não vale a pena ser vivida", ou seja, viver sem refletir sobre o que se faz é, no mínimo, loucura:

> Parte do processo de amadurecimento da fé cristã consiste em examinar – de forma crítica – nossa crença e estilo de vida, bem como de outras pessoas. Isso, contudo, não significa pôr de lado os compromissos de fé durante o processo. Não podemos refletir sobre o vácuo. A reflexão pode ser expressa pelo simples gesto de reclinarmos para trás – ou de entramos numa biblioteca – a fim de examinar nossos valores e comportamentos secundários à luz de nossas crenças e valores centrais. "Será que são consistentes? Existe uma inteireza – integridade – no que creio e em como vivo minha vida?" Esse é o começo da fé reflexiva. (Grenz; Olson, 2001, p. 29)

Algumas ideias precisam ser observadas na citação anterior. Em primeiro lugar, faz parte do amadurecimento da fé a pessoa começar a examinar de maneira crítica a própria fé e também a maneira de viver as crenças. Esse é um processo interessante, pois não existe uma maneira de viver sem refletir, mas sim de parar para analisar se aquilo que se pensa ou se faz é digno de ser vivido ou feito.

Um segundo aspecto importante é a necessidade de examinar a maneira de pensar e de viver daqueles que vivem a nossa volta. Aqui, não nos referimos a "bisbilhotar a vida alheia", mas a examinar se aquilo que estão nos apresentando é digno de ser aceito e vivido.

Em muitas igrejas, nos dias atuais, os líderes ensinam as mais diferentes ideias e princípios e pouco ou quase nada é questionado pelos seguidores, pois, se o fizerem, serão considerados rebeldes.

É de suma importância refletirmos sobre nossas ações, bem como sobre aquilo que nos transmitem ou nos ensinam. Entretanto, devemos tomar cuidado e observar que nenhuma teologia é absoluta; logo, a maneira como pensamos ou analisamos uma verdade teológica não está absolutamente correta.

A partir do momento em que discutimos teologia ou falamos sobre ela, entramos na seara de tentar entender a Palavra de Deus, ou seja, pode haver a possibilidade de estarmos equivocados. O que precisa ficar claro é que não existe amadurecimento sem reflexão, principalmente no cristianismo.

Síntese

Neste primeiro capítulo, vimos a composição da palavra *teologia*, que pode ser compreendida, no sentido literal, como o estudo sistemático da divindade, de seus atributos, de sua essência e de sua existência, além de apresentarmos os aspectos históricos da teologia e a importância desse conhecimento e das reflexões teológicas. Mostramos também os três pilares sobre os quais a teologia é construída: a Bíblia, a tradição e a cosmovisão.

Perguntas & respostas

De acordo com Grenz e Olson (2008, p. 7) "Teologia pode ser definida como a reflexão intelectual sobre o ato, conteúdo e implicações da fé cristã". Tomando por base esse pensamento, podemos afirmar que a teologia é algo humano?

Se a teologia é uma reflexão intelectual, ou seja, um ato humano, faz-se necessário tomarmos cuidado para que nossas reflexões não estejam impregnadas de ideias e entendimentos equivocados, que venham a contaminar nossos pensamentos teológicos e que possam nos levar a agir dessa ou daquela maneira.

Atividades de autoavaliação

1. Assinale as afirmações a seguir como verdadeiras (V) ou falsas (F).
   ( ) A palavra *teologia* vem de grego *theos*, que é compreendido como "divindade", e *logos*, que tem o significado de "a palavra".
   ( ) Podemos compreender que teologia é o estudo sistemático acerca da divindade, de seus atributos, de sua essência e de sua existência.
   ( ) A teologia pode ser definida como a reflexão intelectual sobre o ato, o conteúdo e as implicações da fé cristã.
   ( ) A teologia é o estudo sistemático da igreja e de seus entendimentos.

   Agora, marque a alternativa que corresponde à sequência correta:

   a) V, V, V, V.
   b) V, F, V, V.
   c) F, V, V, V.
   d) V, V, V, F.

2. Um aspecto muito importante a ser salientado é de que o estudo da teologia era realizado nos mosteiros direcionado aos assuntos práticos, como oração e espiritualidade. A partir de que século a teologia foi introduzida nas universidades?
   a) A partir dos séculos IX e X.
   b) A partir dos séculos XII e XIII.
   c) A partir dos séculos XVII e XVIII.
   d) A partir dos séculos XX e XXI.

3. Indique se as afirmações a seguir são verdadeiras (V) ou falsas (F).

   Calvino fundou sua academia no ano de 1559. Seu objetivo principal era:

   ( ) capacitar pastores para que se voltassem às necessidades da igreja.
   ( ) formar teólogos ou estudiosos que ficariam divagando sobre os diferentes problemas teológicos.
   ( ) formar professores mais bem preparados para as universidades da época.
   ( ) capacitar líderes que se preocupariam com as necessidades sociais e políticas do povo.

   Assinale a alternativa que corresponde à sequência correta:
   a) V, V, V, V.
   b) V, F, V, V.
   c) V, V, V, V.
   d) F, V, F, F.

4. Indique se as afirmações a seguir são verdadeiras (V) ou falsas (F).

   Os pilares em que a teologia se fundamenta são:

   ( ) a política.
   ( ) a Bíblia.
   ( ) a tradição.
   ( ) a cosmovisão.

   Assinale a alternativa que corresponde à sequência correta:

   a) V, V, V, V.
   b) V, F, V, V.
   c) F, V, V, V.
   d) F, V, F, F.

5. Indique se as afirmações a seguir são verdadeiras (V) ou falsas (F).

   Um dos pilares no qual a teologia se baseia é a tradição, que pode ser compreendida como:

   ( ) derivada do latim *traditio*, que é compreendido como "transmissão", algo que é transmitido ou passado para o presente.
   ( ) o conjunto de valores, ideias e crenças de um grupo ou de um povo que são seguidos, ensinados e compartilhados no decorrer dos anos, passando de uma geração a outras.
   ( ) aspectos observados somente nos rituais religiosos.
   ( ) a reflexão filosófica e teológica de crença e valores.

Assinale a alternativa que corresponde à sequência correta:

a) V, V, V, F.
b) V, F, V, V.
c) F, V, V, V.
d) V, V, F, F.

Atividades de aprendizagem

Questões para reflexão

1. Por que o estudo da história da teologia é importante para o curso de teologia?

2. A incorporação do termo *teologia* pelo cristianismo, de maneira mais acentuada, deu-se a partir de que período da história e por qual motivo? Quais são os três pilares nos quais a teologia está apoiada?

3. Dos três pilares nos quais a teologia está apoiada, qual deles a igreja dos primeiros dois séculos mais baseava a própria teologia?

4. Nos dias atuais, na igreja brasileira, qual dos três pilares é mais utilizado para manter o pensamento teológico?

Atividade aplicada: prática

1. É de suma importância que saibamos que a teologia se fundamenta em três pilares: a Bíblia, a tradição e a cosmovisão. Visite uma comunidade religiosa ou uma igreja e verifique em qual desses três pilares mais se fundamenta o pensamento teológico do grupo visitado.

capítulo dois

O pensamento teológico nos primeiros séculos do cristianismo

Neste capítulo, apresentaremos alguns aspectos relevantes sobre os Pais Apostólicos. O primeiro deles a ser destacado é Clemente de Roma, que nasceu no ano 30 d.C. faleceu no ano 100 d.C. e foi bispo de Roma. O segundo é Inácio de Antioquia, que nasceu no ano 35 d.C., faleceu no ano 108 d.C., e foi bispo de Antioquia. O terceiro personagem desse grupo é Policarpo de Esmirna, que nasceu no ano 70 d.C., faleceu por volta do ano 155 d.C., e foi um dos discípulos do apóstolo João.

Também abordaremos os apologistas, escritores do século II que defendiam o cristianismo contra os oponentes pagãos. Entre eles, destacou-se Tertuliano, considerado o principal apologista, que nasceu aproximadamente no ano 160 d.C., viveu quase toda a vida em Cartago e morreu no ano 225 d.C. Outro apologista importante foi Justino Mártir, que nasceu no ano 100 d.C., na cidade de Sequem, onde passou boa parte da juventude, foi martirizado e faleceu no ano 165 d.C.

2.1 Os Pais Apostólicos

Quando nos referimos aos *Pais Apostólicos*, é importante sabermos que eles eram chamados assim porque faziam parte dos mais antigos escritos cristãos, que não estão no cânon bíblico. Entretanto, um aspecto importante a ser ressaltado é que eles tinham, de uma forma ou de outra, uma ligação com os apóstolos. Os Pais Apostólicos viveram entre o primeiro e segundo séculos da Era Cristã.

Esse termo surgiu no século XVII, aplicado a cinco escritores; entretanto, mais tarde, outros três nomes foram adicionados ao grupo. Sendo assim, atualmente, temos oito nomes: Clemente de Roma, Didaquê, Inácio de Antioquia, Policarpo de Esmirna, Papias de Hierápolis, a epístola de Barnabé, Pastor de Hermas e a epístola a Diogneto (González, 2004a).

Um aspecto importante a ser considerado é que eles contribuíram grandemente com a edificação da igreja, pois mantinham uma relação com os apóstolos e puderam influenciar a continuidade e os princípios cristãos.

A Igreja de Cristo encarou, nos seus primeiros anos de existência, alguns problemas ligados a diferentes entendimentos filosóficos da época, à compreensão da Trindade Divina, da encarnação da pessoa de Jesus Cristo, da relação entre liberdade e graça divina e da relação entre razão e fé. Tais aspectos contribuíram para que houvesse calorosa discussão já nos primeiros passos do cristianismo, pois este entrou em um mundo influenciado pela cultura grega, entre outros valores, entendimentos e princípios que eram ensinados naquela época, os quais eram diferentes dos valores apresentados por Jesus e por seus seguidores – pontos que ainda nos dias atuais têm gerado polêmicas entre os teólogos.

Os Pais Apostólicos contribuíram muito para o cristianismo, pois deixaram alguns materiais escritos, que não se tratam de compêndios teológicos, mas sim de ensinamentos e pregações realizados de diversas maneiras ao longo dos anos. Esses escritos apresentavam uma ligação muito próxima com o entendimento dos Pais Apostólicos sobre os diferentes assuntos ligados à fé cristã. Essas ênfases estão ligadas umas às outras, o que significa que uma ideia complementa a outra; sendo assim, precisamos tomar o cuidado para não termos um entendimento fragmentado ou isolado sobre os temas levantados por eles.

Com o objetivo de contribuir com as pessoas que se converteram ao cristianismo e ajudá-las a entender que precisavam de uma orientação única que guiasse também suas escolhas no cotidiano, os primeiros cristãos depositavam confiança nos líderes da igreja que, com experiência e discernimento, tinham condição de conduzir o povo em conformidade com os princípios de Cristo.

2.1.1 Clemente de Roma (30 d.C.-100 d.C.)

Clemente de Roma foi bispo de Roma no fim do século I e escreveu uma carta aos Coríntios. Ele era cristão e gozava de grande admiração, respeito e autoridade diante do povo.

Clemente era colaborador de Paulo, mencionado em Filipenses: "E peço também a ti, meu verdadeiro companheiro, que ajudes essas mulheres que trabalharam comigo no evangelho, e com Clemente, e com os outros cooperadores, cujos nomes estão no livro da vida" (Filipenses, 4: 3)[1]. Observamos, então, que Clemente tinha um relacionamento muito próximo com Paulo.

De acordo com Irineu de Lião, Clemente era, com grande probabilidade, o terceiro sucessor do apóstolo Pedro na condução da

---

1   Todas as passagens bíblicas citadas nesta obra são da Bíblia (1988).

Igreja de Roma. Outro aspecto importante a ser observado é que Tertuliano afirmou que Clemente havia sido consagrado pelas mãos do apóstolo Pedro, o que nos revela que ele tinha uma relação próxima também com aqueles que andaram com Jesus.

Clemente foi autor da Epístola chamada de *1º Clemente*, escrita em Roma aproximadamente no ano 95 d.C. e que teve a igreja em Corinto como destinatária. Nessa carta, a preocupação foi salientar a importância da organização eclesiástica.

2.1.2 Inácio de Antioquia (35 d.C.-108 d.C.)

Inácio foi bispo de Antioquia, uma cidade importante para o Império Romano e também com grande significado para os cristãos.

Ele foi morto na cidade de Roma, durante o reinado de Trajano (97-117), o que nos leva a concluir que ele conheceu alguns dos apóstolos.

De acordo com Olson (1999, p. 45), Inácio escreveu a Carta a Igreja de Efésios aos Romanos, Filadélfia, Esmirna, Trálias, Magnésia e uma carta destinada a Policarpo, que mais tarde também foi martirizado. Inácio de Antioquia dava uma ênfase maior à encarnação de Jesus, posicionando-se fortemente contra o gnosticismo, para cujos seguidores Jesus somente parecia humano. Ele não procurava explicar como Jesus poderia ser Deus e ao mesmo tempo humano.

Veja um pensamento sobre Cristo, segundo Inácio: Cristo é a nossa "vida genuína"; Ele pode trazer o arrependimento aos hereges; o poder de Cristo em nossa vida nos leva a uma transformação (Bromiley, 1978).

O legado que Inácio deixou foi de grande importância, pois serviu para orientar as igrejas no início do cristianismo sobre as diferentes práticas de bem e também encorajou a igreja a permanecer nos caminhos do Senhor. Outro aspecto que se encontra nas cartas de Inácio são as orientações que alertam a comunidade cristã sobre as falsas doutrinas que adentravam a igreja.

2.1.3 Policarpo de Esmirna (69 d.C.-155 d.C.)

Policarpo de Esmirna nasceu no ano 70 d.C., faleceu por volta do ano 155 d.C. e foi um dos discípulos do apóstolo João. Recebeu muitos ensinamentos diretamente dos apóstolos e teve uma relação de amizade com alguns.

Policarpo teve um contato próximo com personagens que tiveram certo destaque na época, como Aniceto de Roma, Marcião, Inácio e Irineu.

Foi diretamente instituído bispo da Ásia pelos apóstolos. Na Igreja de Esmirna, escreveu diversas cartas à comunidade e a bispos em particular.

A Epístola de Policarpo, escrita aos Filipenses, datada do ano 110 da Era Cristã, é a única obra que restou desse bispo de Esmirna que dedicou a vida a Jesus com muita fé e devoção.

Policarpo lutou contra a doutrina de Marcião e chamou-o de "primogênito de Satanás".

2.2 O entendimento dos Pais Apostólicos sobre as Escrituras Sagradas

Para os Pais Apostólicos, as Escrituras tinham de ser interpretadas de maneira espiritual, cristológica. Interpretá-las literalmente seria voltar ao judaísmo, e isso, para eles, implicava estar escravizado espiritualmente (Bray, 1996).

Os primeiros cristãos recorreram à representação simbólica, ou alegoria, que era a maneira de poder responder a Marcião, o qual afirmava que o Deus do Antigo Testamento (AT) era diferente do Deus do Novo Testamento (NT). Dessa maneira, a representação simbólica colaborava para colocar um significado espiritual nos textos do Velho Testamento.

A representação simbólica retirou o significado do texto da história; ela permitia interpretações que poderiam ser úteis e enfatizar aspectos corretos de nossa fé, mas sem conexão com o texto lido (Bray, 1996).

É importante observar que os livros do AT tinham a autoridade intrínseca, ou seja, a autoridade vinha de si mesmos (Hägglund, 1989).

As promessas para Israel se cumprem agora no povo de Deus; pode-se compreender que a igreja é o novo Israel. O verdadeiro propósito de Deus se cumpre nas palavras e na obra de Cristo, sendo que o verdadeiro propósito do AT realmente era espiritual. O que se pode observar é que existe um ensino mais profundo que o texto de maneira literal, e isso só pode acontecer por meio da atuação do Espírito Santo. Para Hägglund (1989), os judeus que interpretaram o AT de maneira literal estavam cegos para essa dimensão espiritual escondida no texto. Esse era um perigo que eles corriam, da mesma maneira que pode acontecer nos dias atuais.

Para Olson (2001, p. 48), "Antes que a Epístola de Barnabé fosse escrita, estudiosos judeus de Alexandria, no Egito, já tinham interpretado alegoricamente a Bíblia hebraica". Nesse sentido, podemos observar que a interpretação alegórica tem levado vários líderes a não entenderem de forma literal as Escrituras.

Muitos desses estudiosos encontram verdades escondidas até nos detalhes mais insignificantes do texto (Hägglund, 1989).

Quando isso acontece, pode se perder o controle e começar a surgir uma diversidade de entendimento do texto bíblico.

A representação simbólica contribuiu para o primeiro estágio do cristianismo, pois auxiliou as pessoas a vencer a barreira do tempo e da relevância da Bíblia. Como muitos dos escritos, principalmente do AT e alguns do NT, tinham pouco a ver com os cristãos convertidos do paganismo, estes necessitavam de ajuda para que pudessem dar um sentido aos textos. Com o auxílio da representação simbólica, eles foram encorajados à leitura da Bíblia e a ver as Escrituras como relevantes para a sua vida diária. (Bray, 1996).

Nos dias atuais, no Brasil, a representação simbólica é fortemente usada e muito pode contribuir com o estudo das Escrituras; entretanto, pode também conduzir a interpretações das mais variadas. O perigo maior da interpretação errada da Bíblia é produzir ensinamentos equivocados.

2.3 O entendimento dos Pais Apostólicos sobre a Cristologia

Alguns entendimentos sobre Jesus Cristo foram evidenciados pelos Pais Apostólicos. Um desses ensinamentos foi que Cristo é o Senhor com o qual os cristãos se unem na morte e na ressurreição. Outro ponto relevante é que Jesus Cristo não só morreu, mas também ressuscitou. Há a ênfase em que Jesus era verdadeiramente humano, de que nos dias em que andou nesse mundo demonstrou sentimentos e emoções de um ser humano. Se Jesus não era homem, a salvação das pessoas simplesmente se basearia em algo abstrato e não teria sentido algum.

O gnosticismo, por sua vez, afirmava que Jesus não era nem homem nem Deus; sendo assim, os Pais Apostólicos travaram uma luta contra esse movimento, que pregava que existem deuses diferentes, superiores e inferiores. Outra ênfase dada pelos Pais apostólicos é de que Cristo é, de fato, Deus, o que ressalta a divindade de Jesus. Jesus era humano, mas divino – afirmação que vai contra o docetismo, que afirmava que Jesus somente era humano, logo, não morreu nem ressuscitou.

O entendimento de que Cristo estava presente com Deus na Criação encontrou grande defesa por parte dos Pais Apostólicos: já que Cristo é divino, ele estava no momento em que tudo foi criado.

Inácio, entre os Pais Apostólicos, foi quem enfatizou veementemente alguns ensinamentos sobre Cristo.

A maneira como se via a pessoa de Cristo dependia muito do grupo que estivesse sendo ensinado. Embora os gentios estivessem sendo evangelizados, havia a necessidade de que eles compreendessem que Cristo é a encarnação do único Deus – que Jesus Cristo é o único, e não um entre muitos –, além de entender que ele se tornou totalmente humano.

2.4 O entendimento dos Pais Apostólicos sobre a igreja

Na época, a igreja era algo que começava a surgir; portanto, era muito nova e ainda não estruturada, com apenas algumas orientações.

Outro aspecto importante era a pluralidade cultural e religiosa das pessoas que começaram a fazer parte da Igreja de Cristo, razão por que provavelmente surgiram alguns problemas. Sendo assim, os Pais Apostólicos apresentaram entendimentos e visões sobre como deveria ser organizada a igreja:

- Em primeiro lugar, a igreja deveria permanecer unida por causa da doutrina. A unidade era de extrema importância para que a doutrina não fosse deixada de lado ou houvesse a inserção de falsos ensinamentos. Seu portador oficial era o bispo.
- Um segundo pensamento dos Pais Apostólicos era de que a igreja deveria obedecer ao bispo, que está acima dos anciãos ou presbíteros. Isso nos revela uma formação hierárquica e estrutural, mostrando que tal pensamento contribuiu para que pudesse haver mais ordem e certa organização, aspectos de suma importância na organização da igreja.

Essa ideia da obediência ao bispo traz a compreensão de centralidade que até certo ponto é positiva, por contribuir para que a influência dos falsos mestres não entrasse na igreja, pois, havendo uma autoridade com mais conhecimento e condições de discutir com os falsos mestres, esses ensinamentos poderiam ser evitados, especialmente o gnosticismo, que tinha apresentado muitas falsas doutrinas e tentava contaminar a igreja (Hagner, 1997).

É muito importante refletirmos sobre essas informações, pois, naquele momento histórico, havia um grande número de doutrinas que surgiam, muitas das quais não tinham a intenção de afastar as pessoas da fé cristã.

A posição e também as preocupações como as de Inácio, de que os ensinamentos dos hereges chegassem a ponto de destruir a unidade da igreja, era real. Para evitar isso, seria necessário um ensino sólido, que deveria, em primeiro lugar, partir daqueles que tinham maior conhecimento e entendimento da fé cristã. Nesse sentido, Inácio enfatizou a necessidade da liderança, de os bispos, os anciãos e os diáconos na igreja tomarem a iniciativa de apresentar um ensinamento coeso e profundo (Bromiley, 1978).

Uma afirmação forte de Inácio foi: "Não façam nada sem o bispo e considerem-no como o próprio Senhor, pois 'o bispo é nada menos do que o representante de Deus diante da congregação'" (Olson, 2001, p. 45). Essa afirmação, dependendo do ponto de vista, pode ter dois desdobramentos. Podemos afirmar que havia uma preocupação saudável com a igreja, como o pai tem com os filhos para mantê-los no caminho seguro, buscando, assim, uma proteção para a igreja ao pregar que, ao obedecer aos ensinamentos do bispo, o homem estaria no caminho certo. Entretanto, existe o outro lado: havia o perigo de alguns bispos se apegarem a essa colocação e, em virtude da fraqueza humana, tornarem-se ditadores e apregoadores de suas ideias, e não mensageiros das verdades de Cristo.

2.5 Características gerais do ensinamento dos Pais Apostólicos

Os escritos dos Pais Apostólicos não são, em geral, tratados teológicos, mas pregações e ensinos feitos em diversas ocasiões. Esses escritos refletem a fé existente nas congregações típicas daquela época (Hägglund, 1989).

O que podemos observar é que as características que apresentaremos estão ligadas umas às outras e, por essa razão, não podemos pensar em questões fragmentadas.

2.5.1 Ênfase à ética

Um aspecto que se destacou de maneira muito forte foi a ênfase na lei e no novo modo de vida (ética) da época (Hägglund, 1989).

Era costume que uma pessoa pudesse mudar de religião; entretanto, o mero fato de fazer parte de um novo grupo religioso não lhe era cobrado como uma mudança de vida, um compromisso maior com a nova religião, o que poderia causar algumas consequências negativas no interior da igreja.

Entretanto, com o cristianismo não era assim, pois começava a pregar o arrependimento e a mudança de vida, e isso era totalmente radical para aqueles dias.

O que ficou muito evidente no ensinamento dos Pais Apostólicos era que a graça de Deus era um presente que possibilitava aos homens se tornarem justos, e com isso poderiam ser salvos (Hägglund, 1989). O perigo dessa ênfase era que, de certa maneira, eles estariam se distanciando do cristianismo bíblico, apresentado especialmente pelo apóstolo Paulo. Para eles, a "nova fé transformou-se cada vez mais em uma nova lei e a doutrina da justificação graciosa da parte de Deus transformou-se em uma doutrina de graça que nos ajuda a viver com retidão" (González, 2001, p. 40).

Realmente, um novo modo de vida deve ser pregado e assim ser ensinado pelos cristãos, entretanto, o perigo é que muitos pensam que sua maneira "santa" de viver poderá mantê-los salvos – e isso, e somente isso, os conduzirá para a eternidade com Deus.

2.5.2 Ênfase ao legalismo

O legalismo é algo que tem ocorrido nas mais diferentes religiões, e com o cristianismo não foi diferente. Os Pais Apostólicos não deixaram de manifestar o legalismo em alguns temas ou situações.

Para Hägglund (1989, p. 14), "a proclamação da lei ocupa lugar de destaque nos escritos dos Pais Apostólicos. Isto acontece em parte porque se dirigem a novas congregações cujos membros recentemente abandonaram o paganismo. Fazia-se necessário substituir seus antigos hábitos com praxe e costumes cristãos". O que podemos observar é que, para os Pais Apostólicos, a intenção era a mais honesta possível, pois o objetivo era colocar algo de bom no lugar daquilo que eles achavam que os novos convertidos traziam com eles.

Também é importante salientar que muitos novos convertidos eram judeus e naturalmente traziam diferentes costumes e rituais do judaísmo. O evangelho era a nova lei que conduzia à salvação. A lei antiga foi absolvida e a essência da nova lei era a obediência aos ensinos de Cristo (Hägglund, 1989).

Desvencilhar-se da lei judaica não era algo simples, razão por que, para muitos, a continuidade de alguns ritos era quase normal. Desse modo, é necessário que isso seja observado, para que o rito não ocupe o lugar do verdadeiro cristianismo.

2.5.3 Ênfase à autoridade dos líderes

Um dos entendimentos dos Pais Apostólicos era a ênfase dada à autoridade dos líderes, e isso tinha razões na época. "Clemente associava o discipulado à total obediência aos líderes devidamente nomeados e à prática de uma vida moralmente correta" (Olson, 2001, p. 42). Essa obediência era importante, mas é importante salientar que nenhuma obediência a um líder justifica desobedecer a Deus.

Com o objetivo de contribuir com os novos convertidos e auxiliá-los, mostrando a eles que precisavam de uma linha mestra que orientasse a vida e as escolhas no cotidiano, alguns líderes decidiram ensinar aqueles que se convertessem que depositassem confiança no líder da igreja, no indivíduo que tinha mais experiência, conhecimento e discernimento sobre o que fazer, dando, assim, a devida orientação aos novos convertidos.

A princípio, essa orientação foi válida, entretanto, se isso se perpetuasse, haveria o perigo da dependência do liderado para com o líder e, assim, o domínio do líder. Outro aspecto importante é que não haveria o devido crescimento desse liderando no que diz respeito à capacidade de decidir e tomar as decisões corretas, já que alguém decidiria por ele.

2.5.4 Ênfase ao valor do martírio

O martírio era considerado um símbolo de *status* e também de reconhecimento, bem como era visto como um elevado grau de espiritualidade por muitos. No momento em que seria martirizado, Inácio estava sendo levado sob vigilância para Roma e soube que alguns queriam libertá-lo, então solicitou que não o livrassem: "Eu lhes imploro: não me ofereçam bondade fora de hora" (Olson, 2001, p. 45).

> *Eu quero que todos os homens saibam que eu morri por Deus por minha própria vontade... Deixem-me ser entregue às bestas selvagens, porque através delas eu posso alcançar a Deus. Eu sou o trigo de Deus e eu sou moído pelos dentes das bestas selvagens, que eu possa ser encontrado pão puro. Então eu serei verdadeiramente um discípulo de Jesus Cristo, quando o mundo nem ao menos vai ver meu corpo.* (Lane, 1999, p. 16)

O que podemos observar é que esse homem dedicado ao cristianismo estava disposto a morrer por Cristo, e isso realmente é algo louvável. Entretanto, existe o perigo de que tal ação seja realizada para ganhar o amor de Deus, o que não é correto, pois, independentemente do que fizermos, Deus continua nos amando. Outro perigo é que isso pode ser algo que desencadeará uma ação coletiva – assim, se alguém fugir do martírio, poderá ser considerado apóstata.

Podemos perceber, na palavra de Deus, que o verdadeiro cristão será perseguido, mas isso não quer dizer que em todos os momentos isso ocorrerá, nem que se deva buscar o sofrimento como *status* ou símbolo de espiritualidade.

2.6 Os apologistas

O cristianismo sofreu grandes perseguições, tanto físicas quanto no campo da doutrina, isto é, muitos ensinamentos que colocavam o cristianismo em perigo foram surgindo ao longo do tempo. Dessa maneira, muitos líderes cristãos se posicionaram para combater esses ensinamentos e manter a sã doutrina, o que podemos perceber nas palavras de Olson (2001, p. 53) quando ele afirma:

> Os apologistas eram escritores do século II que procuravam defender o cristianismo contra oponentes pagãos como Celso. Embora poucos como Tertuliano rejeitassem a abordagem filosófica, a maioria deles tentou demonstrar semelhanças entre a mensagem e a cosmovisão cristãs e o que havia de melhor na filosofia grega.

Apresentamos alguns aspectos relevantes sobre os apologistas: eram contemporâneos dos Pais Apostólicos, entretanto, tinham um entendimento diferente, pois faziam uso da filosofia grega para defender entendimentos; o fato de que eles eram seguidores de Jesus, pessoas convictas da fé e que queriam, dessa maneira, defendê-la – muitos deles foram grandes escritores. Muitas foram as acusações contra os cristãos, como afirma González (2004a), pois havia rumores de que o cristianismo nada mais era do que uma orgia desenfreada, regada a muita bebida e uniões incestuosas etc., já que chamavam uns aos outros de *irmãos*, inclusive chamavam a esposa de *irmã*. Além disso, os cristãos mencionavam que eram alimentados pelo corpo e pelo sangue de Jesus e falavam em Jesus às vezes como criança. Isso levou muitos a pensarem que havia um bebê escondido no pão e que os cristãos literalmente comiam a carne de um recém-nascido nos rituais. Havia ainda rumores sobre o cristianismo de que era composto por um bando de ignorantes, o que os levou a ser considerados como ralé pela aristocracia da época (González, 2004a).

Essas acusações tinham o intuito de fazer com que o cristianismo fosse rejeitado pelo povo e que seus seguidores fossem malvistos.

Uma pergunta importante que precisa ser respondida é: Por que os apologistas deram tanta importância para a filosofia grega e qual era a real razão do uso dela? Essa explicação pode ser encontrada nas palavras de Bromiley (1978). Os apologistas queriam defender o cristianismo diante das autoridades para que ele fosse tolerado por elas. Nesse sentido, procuraram usar os melhores argumentos da área intelectual (Bromiley, 1978). Podemos perceber que o objetivo era defender o cristianismo dos diferentes ataques, desenvolvendo argumentos e mostrando que os cristãos não eram pessoas tolas ou de nenhuma formação.

As contribuições dos apologistas foram muitas e profundas, conforme vemos nas palavras de Olson (2001, p. 57):

> Moldaram a história do cristianismo sobretudo ao impedirem que a forte crítica não relegasse o cristianismo a uma existência marginal, a ser apenas mais uma religião de mistério. Eles contribuíram para transformar o pensamento cristão em uma teologia propriamente dita: uma análise e apologia racional e coerente da mensagem cristã.

Ainda de acordo com Olson (2001), os apologistas contribuíram para que o cristianismo não fosse marginalizado, mas se tornasse uma religião na qual as pessoas tivessem uma capacidade de entendimento e conhecimento tanto do pensamento simples ou popular como filosófico. Os apologistas contribuíram e muito para que o cristianismo tivesse uma teologia mais racional.

2.6.1 O que levou os apologistas a dar importância à filosofia?

Os apologistas fizeram uso da filosofia como ferramenta para defender suas ideias. Os cristãos responderam aos ataques e começaram a apontar as falhas dentro de outras religiões e filosofias, mostrando que a filosofia grega, que naquela época era a principal rival, tinha muitos defeitos (Latourette, 1997).

Por parte dos apologistas, havia o entendimento de que eles eram os defensores do cristianismo. Desse modo, procuravam usar os melhores argumentos, fazendo o devido uso da área intelectual para ganhar discussões.

De acordo com Justino (citado por Hägglund, 1989, p. 22), a filosofia serve para "proporcionar conhecimento verdadeiro de Deus e da existência, e assim fazendo, promover um sentimento de bem-estar nas mentes humanas. A filosofia visa reunir Deus e o homem". Sendo assim, podemos observar que a filosofia tenta estabelecer certo domínio sobre as afirmações para que não se aceite qualquer maneira de refletir. A filosofia estipula a regra da lógica como diferencial, o que ajuda a coibir abusos.

2.6.2 Perigos que o uso da filosofia trouxe ao cristianismo

Os interesses dos apologistas foram se tornando tão fortes e influenciaram de maneira tal que chegaram a determinar o entendimento de alguns sobre a interpretação da Bíblia.

Com respeito à filosofia de maneira geral, ela era aceita em parte, ou seja, havia certa restrição, mas ainda assim acabou ganhando grande espaço, pois utilizava a lógica para defender o cristianismo. Fazer uso da filosofia para defender a fé cristã, por um lado, tem suas vantagens, entretanto, também existem alguns riscos, como o grande perigo de reduzir a fé à razão e à lógica. Ela ajuda, por um lado, a frear os abusos de superstição e loucura que invadem o cristianismo, mas pode reduzir a revelação àquilo que somente é entendido pela razão humana.

Uma grande preocupação é que a apologética se tornou a parte central do evangelho, e isso pode ainda reduzir o cristianismo à razão humana.

Com respeito à apologia, algumas indagações são de grande importância, pois conduzirão a busca pelo equilíbrio, pelo caminho do meio, tais como:

- A apologia da fé cristã é necessária, mas o quanto é eficaz para ganhar pessoas para Cristo?
- Quanto tempo deve se investir com a apologética? Quanta energia deve-se aplicar ou existe algo mais importante a ser considerado?

É muito importante que pessoas com mentes brilhantes se preocupem com a apologia, entretanto, precisamos lembrar que ela não pode ser o fim em si mesmo.

2.7 Tertuliano (160 d.C.-230 d.C.)

Para muitos, Tertuliano é considerado o principal apologista. Ele nasceu aproximadamente no ano 160 d.C., viveu quase toda a vida em Cartago e morreu no ano 225 d.C. Era advogado, converteu-se aos 40 anos e fez uso das habilidades que tinha para defender o cristianismo e a fé cristã. Tertuliano nunca foi canonizado como santo. No fim da vida, é possível que tenha abandonado a igreja e se juntado a um grupo separatista (montanismo). Não existem provas desse fato, mas isso é atestado pela tradição, o que poderia explicar o fato de não ter sido canonizado (Olson, 2001).

Ele combateu de forma muito firme os hereges da época e enfatizava fortemente que precisava haver continuidade histórica, pois era importante que houvesse uma ligação entre os apóstolos e os bispos. Ele afirmava que aqueles que diziam representar os ensinos dos apóstolos necessariamente deveriam provar essa ligação histórica com eles.

2.7.1 O entendimento de Tertuliano sobre a salvação

Para Tertuliano, a salvação é algo que está intimamente ligado ao estilo ou à forma de vida, que deve ser compatível com a lei de Deus. Assim, é de suma importância que a lei de Deus seja ensinada e, após o ensino, praticada por aquele que recebeu esse ensinamento.

> A relação entre Deus e o homem é concebida em termos de sistema judicial. Se Deus não vingasse e punisse, não haveria razão para temê-lo e fazer o que é correto. A salvação, diz Tertuliano, é dada como recompensa pelo mérito humano. As boas ações, bem como as más, devem ser recompensadas por Deus. (Hägglund, 1989, p. 46)

Nesse sentido, podemos entender que, para Tertuliano, o ser humano somente teme a Deus por causa do medo que sente, pois Deus está esperando cada um de nós pecar para atribuir algum julgamento. Outro aspecto levantado é o fato de que a salvação é um mérito humano, ou seja, somos salvos por algo que fazemos – esse pensamento não encontra base bíblica, pois em Efésios está escrito: "Porque pela graça sois salvos, por meio da fé; e isto não vem de vós, é dom de Deus" (2: 8-9). Um terceiro aspecto a ser considerado, e que era defendido por Tertuliano, é o fato de que as ações do ser humano devem ser recompensadas por Deus, sejam elas boas ou más. Esse pensamento é bem complexo; se tudo o que o ser humano fizer tiver alguma consequência ou recompensa da parte de Deus, o Deus da graça e da misericórdia que nos é apresentado na Bíblia estaria muito preocupado em nos julgar pelo que fazemos. Será que realmente é isso que a Bíblia nos apresenta?

Cristo é o mestre que proclama a nova lei, fortalecendo a vontade livre do homem para que possa escolher aquilo que é certo. O viver correto implica em obediência à lei e comportamento exemplar até o ponto da vestimenta e da aparência (Olson, 2001).

Esse entendimento de que o homem tem liberdade de escolha para agir de forma correta ou equivocada diante de Deus e da sociedade era algo bem presente no entendimento de Tertuliano. Ele destaca a ideia de que o modo correto de viver também implica em vestimenta e aparência.

2.7.2 O entendimento de Tertuliano sobre a Trindade

Um entendimento que havia no princípio do cristianismo era de que o Filho e o Espírito Santo não eram pessoas que faziam parte da Trindade Divina, e Tertuliano rebateu essa ideia. Ele batalhou contra Praxeas, que afirmava que Deus era um só e que o Pai, o Filho e o Espírito Santo eram apenas máscaras usadas no palco da história (Olson, 2001).

No entendimento de Tertuliano, Cristo era:

> *A Palavra divina, que procedeu da razão de Deus quando da criação. Ao dizer Deus: "Haja luz", nasceu a Palavra. Cristo é um com Deus, e ainda assim é distinto do Pai. Procedeu da essência de Deus como os raios emergem do sol, as plantas de suas raízes, ou o rio de sua fonte. Portanto o Filho está subordinado ao pai. É aquele que revelou a Deus, enquanto Deus mesmo é invisível.* (Hägglund, 1989, p. 44-45)

Com essas afirmações, fica claro que Tertuliano não quer dizer que o Filho veio depois do Pai, mas nos revela que o Pai é maior que o Filho e o Espírito, mas nunca existiu sem eles. Eles existiram antes da criação do mundo e nunca se separaram Dele. Eles são inseparáveis, mas, ainda assim, são pessoas distintas. O que fica evidente em seus escritos é que as três pessoas da Trindade são Deus, entretanto, ele defende a ideia de que existe uma subordinação, ou seja, Deus Pai está acima do Filho e do Espírito Santo.

Isso pode ser observado na afirmação: "O Filho e o Espírito são um com o Pai, mas ao mesmo tempo algo diferente do Pai" (Hägglund, 1989, p. 45). O perigo do uso do termo *diferente* é que ele pode ser entendido como diferente em sua natureza ou poder, o que geraria conflito com o entendimento de que as três pessoas da Trindade Divina são da mesma natureza.

Tertuliano reagia aos modalistas que afirmavam que Deus Pai havia sofrido e morrido na cruz. Para ele, isso era absurdo (Olson, 1999). Como discordava dessa ideia, combateu-a de maneira veemente. O modalismo não acredita na Trindade Divina, pois crê que Deus Pai, Deus Filho e Deus Espírito Santo são diferentes em natureza e aparência.

Uma das afirmações de Tertuliano era de que havia certa diferença, até de subordinação, entre a Trindade. Pode haver, como alguns acreditam, uma subordinação em relação às funções das pessoas da Trindade, pois durante o tempo em que Jesus estava sobre a Terra ele estava submisso ao Pai, assim como o Espírito ainda nos dias atuais dá continuidade à obra de Cristo.

2.8 Justino Mártir (100 d.C.-165 d.C.)

Justino nasceu no ano 100 d.C., na cidade de Siquém, onde passou boa parte da juventude e faleceu no ano 165 d.C., tendo sido martirizado. Era filho de pais pagãos. Foi um filósofo platônico, aprofundou-se em compreender os pensamentos de Platão e se preocupou em estudar o pitagorismo e o aristotelismo. Um de seus entendimentos era de que nem toda a verdade está contida na filosofia e que é de suma importância continuar a busca da verdade por meio da reflexão. Atestou em seus escritos que era possível relacionar o cristianismo com a sabedoria secular.

O conceito do Logos era entendido pelos gregos como o princípio mediador entre o mundo das ideias e o mundo do dia a dia. Dessa maneira, como o termo foi utilizado pelo apóstolo João, Justino diz que toda a sabedoria é derivada do Logos, que é apresentada na sua totalidade e plenitude por Cristo.

Assim, aqueles que tentaram viver de acordo com o Logos, mesmo antes da vinda de Cristo, poderiam ser considerados cristãos, ainda que não se considerassem dessa forma. Mas esse ensino foi refutado pela maioria dos pais da igreja, achando que Justino tinha ido longe demais na relação entre filosofia e fé (McGrath, 1998). Alguns escritos foram elaborados por ele entre os anos de 151 e 163 d.C.:

- I Apologia (endereçada ao Imperador Antonino Pio);
- II Apologia (endereçada ao Imperador Marco Aurélio);
- Diálogo com Trifo, o judeu.

Podemos observar que, nos escritos, ele exortava os imperadores romanos a serem justos com os cristãos e defendia que Jesus Cristo era o messias. Para Justino, a filosofia cristã era universal, a vida de Jesus Cristo tinha sido anunciada pelos profetas do AT, Jesus realmente era o messias, o povo dele deveria esperar a identificação do Logos, Cristo, com Deus apresentando dessa maneira, que Jesus era realmente Deus. Ele afirmava que os gentios eram, sim, chamados de povo de Deus e falava da preexistência da alma, bem como da oportunidade de salvação.

Síntese

Neste capítulo, apresentamos os Pais Apostólicos, que eram assim chamados por fazerem parte dos mais antigos escritos cristãos, que não estão no cânon bíblico, e por terem, de uma forma ou outra, uma ligação com os apóstolos, destacando Clemente de Roma, Inácio de Antioquia e Policarpo de Esmirna. Também apresentamos os apologistas, que eram escritores do século II que procuravam defender o cristianismo contra oponentes pagãos, entre os quais destacamos Tertuliano e Justino Mártir.

Atividades de autoavaliação

1. Indique se as afirmações a seguir são verdadeiras (V) ou falsas (F).

    Sobre Clemente de Roma, é correto afirmar:

    ( ) Foi bispo de Roma no fim do século I.
    ( ) Escreveu uma carta aos Coríntios e foi colaborador de Paulo.
    ( ) Era cristão e gozava de grande admiração, respeito e autoridade diante do povo.
    ( ) Foi um sumo sacerdote judeu.

    Assinale a alternativa que corresponde à sequência correta:

    a) V, V, V, V.
    b) V, F, V, V.
    c) V, V, V, F.
    d) F, V, F, F.

2. Indique se as afirmações a seguir são verdadeiras (V) ou falsas (F).

    Inácio Antioquia foi bispo de Antioquia, uma cidade importante para o Império Romano e também com grande significado para os cristãos. Sobre ele, é correto afirmar:

    ( ) Foi morto na cidade de Roma durante o reinado de Trajano.
    ( ) Foi martirizado.
    ( ) Foi um importante filósofo grego que contribuiu para espalhar algumas heresias contra o cristianismo.
    ( ) Deu ênfase maior à encarnação de Jesus, pois se posicionava fortemente contra o gnosticismo, acreditando que Jesus somente parecia humano.

Assinale a alternativa que corresponde à sequência correta:

a) V, V, F, V.
b) V, F, V, V.
c) V, V, V, F.
d) F, V, F, F.

3. Indique se as afirmações a seguir são verdadeiras (V) ou falsas (F).

   Qual era o entendimento dos Pais Apostólicos sobre as Escrituras Sagradas?

   ( ) As Escrituras tinham de ser interpretadas de maneira espiritual, cristológica.
   ( ) Não concordavam em interpretar as Escrituras literalmente, pois acreditavam que seria voltar ao judaísmo.
   ( ) Para eles, a filosofia era a base de qualquer compreensão da Bíblia.
   ( ) As Escrituras deveriam ser compreendidas de forma literal, ou seja, o que está escrito é a verdade absoluta.

   Assinale a alternativa que corresponde à sequência correta:

   a) V, V, F, V.
   b) V, V, F, F.
   c) V, V, V, F.
   d) F, V, F, F.

4. Indique se as afirmações a seguir são verdadeiras (V) ou falsas (F).

   Para muitos, Tertuliano é considerado o principal apologista. Sobre ele, podemos afirmar:

( ) Nasceu aproximadamente no ano 160 d.C., viveu quase toda a vida em Cartago e morreu no ano 225 d.C.

( ) Era advogado, converteu-se aos 40 anos e fez uso das habilidades que tinha para defender o cristianismo e a fé cristã.

( ) Combateu de forma muito firme os hereges da época e enfatizou fortemente que precisava dar a continuidade histórica, pois era importante que houvesse uma ligação entre os apóstolos e os bispos.

( ) Afirmava que aqueles que diziam representar os ensinos dos apóstolos necessariamente deveriam provar essa ligação histórica.

Assinale a alternativa que corresponde à sequência correta:

a) V, V, F, V.
b) V, V, F, F.
c) V, V, V, V.
d) F, V, F, F.

5. Indique se as afirmações a seguir são verdadeiras (V) ou falsas (F).

Quando nos referimos aos Pais Apostólicos, precisamos entender que eram chamados assim porque:

( ) faziam parte dos mais antigos escritos cristãos, que não estão no cânon bíblico.

( ) tinham, de uma forma ou de outra, ligação com os apóstolos.

( ) eram hereges que divulgavam o gnosticismo.

( ) eram simpatizantes judeus do grupo que desejava libertar Israel.

Assinale a alternativa que corresponde à sequência correta:

a) V, V, F, V.
b) V, V, F, F.
c) V, V, V, V.
d) F, V, F, F.

Atividades de aprendizagem

Questões para reflexão

1. Comente sobre dois Pais Apostólicos. Quem eram eles?
2. O que seria um apologista?
3. Quais foram as contribuições dos apologistas nos primeiros séculos do cristianismo?
4. Como deveríamos lidar com a autoridade apostólica em nossos dias?
5. Os Pais Apostólicos enfatizavam alguns pontos. Quais?
6. Os Pais Apostólicos davam ênfase exagerada à autoridade dos líderes. Comente se, nos dias atuais, algumas igrejas ou grupos religiosos fazem o mesmo. Se sim, por que apresentam esse comportamento?

Atividade aplicada: prática

1. Pesquise e explique mais duas contribuições que os Pais Apostólicos e os apologistas deixaram para a igreja dos dias atuais.

capítulo três

O pensamento teológico e a organização da igreja

03

Neste capítulo, apresentaremos os aspectos relevantes que levaram a várias mudanças na maneira de a igreja se organizar.

Com o passar do tempo, ela deixou de ser uma seita perseguida para se tornar uma instituição que buscou a hierarquização da liderança, a formulação dos credos e também o fechamento do cânon.

A hierarquização da liderança foi necessária, pois, com o passar do tempo e com o crescimento da igreja, houve a necessidade de alguém que organizasse e liderasse os presbíteros, o que fez surgir a figura do bispo.

A criação do credo, por sua vez, deu-se porque apareceram falsas doutrinas no decorrer da história, e a cada dia que passava a influência delas se tornava maior.

Um terceiro ponto a ser destacado é que no decorrer da história houve a percepção de que havia a necessidade de estabelecer quais seriam os livros que poderiam fazer parte do Bíblia e serem aceitos pela igreja – dessa maneira surgiu o cânon bíblico.

3.1 Aspectos que levaram a igreja a mudar o próprio estilo

Como o cristianismo estava em plena expansão e alguns anos já haviam se passado após a morte dos apóstolos, passou a ficar evidente que a igreja precisava de uma organização cada vez mais sistematizada, como podemos depreender das palavras de Olson (2001, p. 129): "A igreja precisa continuar sem eles e achar pessoas que tenham autoridade para levar a causa adiante. Isso se tornou ainda mais urgente com o aparecimento de grupos heréticos como os gnósticos".

Com o surgimento de vários grupos heréticos, principalmente os gnósticos, a igreja teve dificuldade em se organizar e, com isso, precisou buscar mais união. Foi então que começou a deixar de ser uma mera seita e um grupo fragmentado para ser uma instituição com influência na sociedade. De acordo com Olson (2001), a igreja passou de uma seita relativamente desunida e carismática para uma instituição muito mais formal, organizada e hierárquica. Essa transformação pode ser vista em três pontos: a hierarquização da liderança, a formulação dos credos e o fechamento do cânon.

A organização da igreja exigia uma hierarquia para que tivesse uma funcionalidade e, como já mencionamos, a formulação do credo se deu em razão da grande quantidade de falsas doutrinas que apareceram no decorrer da história. Preocupados com isso, os líderes decidiram estabelecer alguns princípios e deles partiram para um único direcionamento doutrinário.

A necessidade do fechamento do cânon foi algo preciso para a igreja, pois muito se havia escrito sobre os ensinamentos de Jesus e muitas eram as visões e os entendimentos acerca disso. A partir da conclusão e do fechamento do cânon, as orientações do povo de Deus ficaram mais centradas nos ensinamentos de Cristo.

A perseguição também conduziu os cristãos a buscar uma liderança mais forte e centralizada, pois era muito importante que as pessoas mais simples tivessem alguém para defendê-las diante das autoridades.

A partir do momento em que houve uma hierarquia na igreja, algo que precisava ficar claro era que os líderes poderiam cair no erro, o que forçava a igreja a ter os credos para que não se desviassem dos princípios. Entretanto, mesmo com todo esse cuidado, ao longo da história houve muitos erros e também excessos – aspectos que macularam a imagem da igreja.

3.2 Os bispos e suas atribuições

Com o passar o tempo, a organização das igrejas começou a exigir uma estrutura maior, pois no início cada instituição tinha um presbítero que era a autoridade na igreja local. Com o passar do tempo e com o crescimento dessas igrejas, houve a necessidade de alguém que organizasse e liderasse os presbíteros; foi então que surgiu o papel do bispo. À medida que a igreja mãe fundava outras igrejas, era frequente que estas também reconhecessem a figura do bispo como autoridade sobre elas. Dessa maneira, criou-se uma hierarquia eclesiástica.

Com a organização da igreja e também a centralização do poder sobre o bispo, este ficou com maior autoridade sobre os demais, conforme afirma Olson (2001, p. 130): "Os bispos adquiriram paulatinamente uma posição espiritual especial mediante a qual somente eles eram capacitados a declarar quem pertencia verdadeiramente à igreja cristã católica e ortodoxa – a Grande Igreja – e quem era herege ou pecador e ficava fora do alcance do perdão".

Essa posição que os bispos adquiriram atribuiu a eles um poder tão grande que tinham a autoridade de decidir o que achassem apropriado, e isso poderia levar a ações em desarmonia com os princípios bíblicos, pois interesses pessoais e políticos poderiam causar influências, como observamos ao longo da história da igreja.

Outro acontecimento inevitável foi que a participação dos leigos nas diferentes decisões da igreja foi diminuindo e, naturalmente, centralizando-se no clero, o que começou a colocar os leigos à margem das atividades da igreja – como o batismo, a entrega da ceia, a liturgia e outras atividades –, já que estas começaram a ser realizadas pelos religiosos.

Com o passar do tempo, algumas decisões dos bispos começaram a evidenciar que eles tinham um poder muito grande e que poderiam errar. Houve então a necessidade de sínodos de bispos para avaliar se algum bispo estava se desviando da verdade (Olson, 2001). É evidente que esse sistema era muito hierárquico, o que, de certa forma, contribuiu para manter a unidade da igreja.

3.3 O surgimento dos credos

De acordo com o dicionário Michaelis (2001), credo é "Fórmula doutrinária cristã, chamada também *Símbolo dos Apóstolos* e *creio em deus padre*, que começa em latim pela palavra *credo*, que significa

Creio; profissão de fé cristã Doutrina, programa ou princípios pelos quais se governa uma pessoa, um partido, uma seita".

Como não havia naquela época um cânon fixado, os bispos tinham a necessidade de algo mais objetivo para poder julgar se as diferentes doutrinas que estavam surgindo eram verdadeiras ou falsas. Sendo assim, elaboraram um credo que enfatizaria as verdades principais do evangelho que deveriam ser mantidas (Olson, 2001).

Os credos eram escritos dentro de um contexto histórico para fixar as ideias centrais e colocar de lado outros grupos ou ideais, como os gnósticos.

Precisavam ser vistos e observados pela igreja com grande relevância, pois, na época, havia pouca possibilidade de as pessoas terem acesso aos escritos ou a partes deles, uma vez que grande parte das pessoas era analfabeta; assim, os credos também eram passados de forma verbal. Se a pessoa decorasse o conhecimento dos pontos principais, poderia avaliar as novas ideias que surgiam e se elas realmente estavam em conformidade com o credo; dessa maneira, evitava-se que as pessoas fossem influenciadas negativamente por falsas doutrinas.

Dois credos famosos ou que tiveram grande destaque no começo da igreja foram o credo dos apóstolos e o credo de Niceia. Conforme Olson (2001), no fim do século II ou início do século III, alguém formulou o conhecido credo dos apóstolos, que anteriormente havia sido conhecido como *credo romano*.

Creio em Deus Pai, Todo-poderoso, Criador do Céu e da Terra.

Creio em Jesus Cristo, seu único Filho, nosso Senhor, o qual foi concebido por obra do Espírito Santo, nasceu da virgem Maria; padeceu sob o poder de Pôncio Pilatos, foi crucificado, morto e sepultado; ressurgiu dos mortos ao terceiro dia; subiu ao Céu, está sentado à direita de Deus Pai Todo-poderoso, donde há de vir para julgar os vivos e os mortos.

Creio no Espírito Santo, na Santa Igreja Católica, na comunhão dos santos, na remissão dos pecados, na ressurreição do corpo, na vida eterna. Amém. (Olson, 2001, p. 134)

O que podemos perceber nesse credo é que a Trindade Divina aparece de maneira bem clara e que algumas atribuições lhe são dadas: "Creio em Deus Pai, Todo-poderoso, Criador do Céu e da Terra". Essa expressão manifesta claramente que Deus Pai tem todo o poder e que Ele é o criador de tudo. Quando nos direcionamos à pessoa de Jesus, podemos observar que o credo afirma categoricamente que Ele é o filho de Deus Pai que ressuscitou e está à direita de Deus Pai.

O segundo credo que colaborou e deu uma orientação mais profunda e precisa à igreja foi o credo de Niceia.

No século IV, conforme vemos, os bispos acharam necessário formular e promulgar outro credo que preenchesse com mais pormenores o arcabouço oferecido pelo credo dos apóstolos. O credo de Niceia, ou niceno – constantinopolitano (325 e 380), deixou claras as interpretações corretas de certas passagens ambíguas no credo dos apóstolos e enfatizou a doutrina trinitária implícita ali. (Olson, 2001, p. 135)

Fica claro que havia por parte da igreja a necessidade da elaboração de um novo credo, pois algumas dúvidas não esclarecidas pelo antigo credo precisavam de orientação e clareza. O credo Niceia dizia:

Creio em um Deus, Pai Todo-poderoso, Criador do Céu e da Terra e de todas as coisas visíveis e invisíveis. E em um Senhor Jesus Cristo, o unigênito Filho de Deus, gerado pelo Pai antes de todos os séculos, Deus de Deus, Luz da Luz, verdadeiro Deus de verdadeiro Deus, gerado não

> feito de uma só substância com o Pai; pelo qual todas as coisas foram feitas; o qual por nós homens e por nossa salvação desceu dos céus, foi feito carne pelo Espírito Santo da Virgem Maria e foi feito homem; e foi crucificado por nós sob o poder de Pôncio Pilatos. Ele padeceu e foi sepultado; e no terceiro dia ressuscitou conforme as Escrituras; e subiu ao céu e assentou-se à direita do Pai, e de novo há de vir com glória para julgar os vivos e os mortos, e seu reino não terá fim. E no Espírito Santo, Senhor e Vivificador, que procede do Pai e do Filho, que com o Pai e o Filho conjuntamente é adorado e glorificado, que falou através dos profetas. Creio na Igreja una, universal e apostólica, reconheço um só batismo para remissão dos pecados; e aguardo a ressurreição dos mortos e da vida do mundo vindouro. Amém. (Olson, 2001, p. 135)

Dessa maneira, com a elaboração do credo de Niceia, a igreja estabeleceu orientações de fé para guiar suas ovelhas, bem como se proteger dos algozes hereges.

O credo de Niceia foi aceito também muitos séculos depois de sua criação pelos reformadores protestantes, como Lutero, Calvino e outros – isso mostra que a essência da fé cristã está ali manifesta.

3.4 A definição do cânon bíblico

A definição da palavra *cânon* vem do termo grego κανων (*kanon*), que tem o significado de uma régua ou uma vara de medir, uma norma ou uma regra. Também pode ser compreendida como o conjunto ou a lista de escritos ou livros considerados pela igreja. No decorrer da história, percebeu-se que havia a necessidade de estabelecer quais seriam os livros que poderiam fazer parte da Bíblia e serem aceitos pela igreja. Com essa situação, tornou-se absolutamente necessário que houvesse uma coleção de livros autorizados.

Quando falamos em canonicidade, entendemos que a igreja foi dirigida pelo Espírito Santo para escolher os livros inspirados por Deus do Novo Testamento (NT) e do Antigo Testamento (AT). Assim, a igreja tomou o passo de estabelecer alguma base comum, institucionalizando o cânon.

3.4.1 A canonização do Antigo Testamento (AT)

O que fica evidente é que a igreja não criou o cânon, ela aceitou e concordou com a autoridade dos diferentes documentos que eram diretamente ligados a uma fonte apostólica.

A igreja certificou-se de que os livros canônicos davam testemunho direto e verdadeiro das diferentes verdades apresentadas pela fé cristã no decorrer dos tempos.

Muito antes do nascimento de Jesus, havia a ideia de juntar os mandamentos de Deus para o povo. No início, foram os dez mandamentos que sintetizaram a lei. Depois, foram acrescentadas palavras de Moisés na arca da aliança. No decorrer da história, algumas pessoas foram incumbidas por Deus para escrever e incluir esses escritos na lei. Esse acréscimo aconteceu até por volta do ano de 435 a.C., quando os últimos profetas morreram (Grudem, 1999).

Um entendimento bem presente era de que o cânon do AT havia sido concluído nos dias de Jesus, mesmo que a LXX (Septuaginta) apresentasse vários livros apócrifos; entretanto, essa ideia não tinha aprovação da comunidade judaica.

O que fica evidente em primeira análise é que parece não ter havido qualquer discussão entre Jesus e os rabinos da época quanto aos livros que eram considerados inspirados por Deus. Jesus citou muitas vezes os escritos no AT (295 vezes) e nenhuma vez um livro apócrifo (Grudem, 1999).

Com respeito ao período ou à data do fechamento do cânon do AT, aparece uma diversidade de ideias e afirmações.

O processo de canonização foi forçado por causa da luta entre os macabeus e Antíoco IV Epifânio, por volta de 160 a.C. (LaSor; Hubbard; Busch, 1996).

Existe o entendimento de que nos meados do século II a.C. o cânon já estava finalizado, mas há algumas dúvidas sobre os livros de Ester, Eclesiastes e Cantares (Bruce, 1988). Questiona-se se algumas partes desses livros não destoavam dos demais livros canônicos.

Para alguns, o cânon do AT não foi fechado em Jâmnia, antiga cidade localizada na costa da Palestina, em 90 d.C., como muitas vezes se supõe. Nesse concílio houve discussões, pois se questionava se alguns dos livros deveriam pertencer ao cânon (Eclesiastes e Cantares). A polêmica sobre esses livros mostra que eles eram aceitos como canônicos.

Os livros apócrifos não eram considerados heréticos, entretanto, eles não tinham a credibilidade para estar no nível dos outros livros inspirados. Nos dias da igreja primitiva, a Bíblia hebraica circulava entre as pessoas.

Pelo menos durante os cem primeiros anos de sua história, as Escrituras da igreja, no sentido exato da palavra, consistiram exclusivamente no Antigo Testamento. Os livros que formam o que mais tarde veio a ser conhecido como Novo Testamento obviamente já existiam; quase todos eles haviam sido escritos bem antes do término de primeiro século, sendo conhecidos e usados pelos cristãos do segundo século. Contudo, eles não haviam sido elevados à categoria especial de Escrituras canônicas.

Por outro lado, o judaísmo tinha sua coleção de livros sagrados, ou "santos", já bem antes do nascimento do cristianismo. (Kelly, 1994, p. 38)

A circulação da Bíblia hebraica no período da igreja primitiva era, em sua maior parte, a LXX, que continha diversos livros apócrifos. Nem sempre os apócrifos estavam todos juntos aos livros canônicos. Entre o grupo de judeus que moravam na Palestina havia uma clareza sobre os livros sagrados e os livros que eram edificantes do ponto de vista religioso, todavia, fora da Palestina, havia uma liberdade muito maior, pois as pessoas até acrescentavam partes quando rescreviam. Nos dois primeiros séculos, a igreja aceitou esses livros apócrifos do AT como inspirados. No fim do século II, começou a haver certa relutância com relação a alguns livros (Kelly, 1994).

No século IV a.C., houve diferença entre o cânon do ocidente e do oriente. O ocidente seguiu a Vulgata, que é a tradução da LXX para o latim e continha os livros apócrifos. Jerônimo classificou os apócrifos como livros úteis e proveitosos para a igreja, mas não como canônicos (Grudem, 1999).

Um ponto importante a ser observado é que os judeus de hoje que seguem o AT não consideram os livros apócrifos como Escrituras. No ano de 1546, no Concílio de Trento, a Igreja Católica Romana declarou de maneira oficial que os livros apócrifos fazem parte do cânon. Esta foi a resposta católica à Reforma Protestante: os apócrifos foram considerados canônicos, visto que eles apoiam a oração pelos mortos e também abrem a porta para a justificação pelas obras e pela fé (Grudem, 1999).

3.4.2 A canonização do Novo Testamento (NT)

É importante observarmos que, no processo de canonização, a igreja não tinha a intenção de impor autoridade sobre os diferentes documentos que circulavam entre as igrejas e as comunidades cristãs da época. O que deve ficar claro é que a igreja não criou o cânon, ela aceitou a autoridade dos documentos que foram diretamente ligados a uma fonte apostólica.

A igreja queria se certificar de que os livros canônicos davam testemunho direto e autêntico das grandes verdades centrais da fé cristã, reconheceu e não impôs a autoridade sobre esses livros. Irineu (citado por McGrath, 1998) disse que a igreja não cria o cânon, reconhece-o, preserva-o e recebe os escritos canônicos com base na autoridade inerente nesses livros.

A tradição oral era algo que realmente fazia parte da igreja primitiva e ocorreu muito, já que um grande grupo de seguidores do cristianismo era composto por analfabetos e o acesso aos documentos escritos era restrito, pois havia um número pequeno deles e as cópias foram feitas no decorrer dos anos.

Com relação ao NT, as igrejas tinham muitas tradições orais circulando entre elas. Enquanto os apóstolos estavam vivos, eles eram o cânon. Os apóstolos no NT têm a mesma autoridade que os profetas no AT (Grudem, 1999). Sendo assim, pode-se compreender que eles realmente tinham a autoridade vinda do próprio Deus, aspecto que lhes conferia condição de que suas palavras poderiam ser confiadas, pois eram vindas do próprio Deus.

Nos primeiros cem anos da igreja, o que fica estritamente claro é que o cânon das igrejas era o AT (Lohse, 1972). A igreja tinha o entendimento de que era o novo Israel e, por essa razão, aplicava o AT.

O processo de canonização foi muito complicado e começou quando alguns dos Pais Apostólicos passaram a usar alguns desses escritos para defender seus ensinos contra os hereges (McDonald, 1997).

De acordo com McDonald (1997), duas coisas precisam ser salientadas:

1. O processo de canonização não foi simples como alguns acreditam, pois exigiu muito estudo e um debruçar longo sobre os diferentes escritos que foram surgindo no decorrer da igreja primitiva.
2. O fato de os escritos terem servido de base para defender a fé cristã, que no início era fortemente assediada por falsas doutrinas.

Marcião tinha na base de suas ideias uma visão que era semelhante à dos gnósticos e foi um dos grandes críticos do cristianismo. Com isso, várias pessoas contrapuseram suas ideias, como Justino Mártir, Irineu e Tertuliano, que apresentou muitas obras para rebater os pensamentos de Marcião. Por causa das ideias e principalmente pela influência de Marcião, as igrejas começaram a se preocupar com livros que poderiam ser considerados inspirados e que poderiam ter o crédito como inspirados por Deus. Ele não conseguia conciliar o legalismo e a justiça severa do AT com a graça e o amor redentor do NT. Portanto, para ele havia dois deuses: um do AT e um do NT.

Para Marcião, o Deus superior que se manifestou em Cristo no NT, excluiu o deus do AT. Dava ênfase aos livros de Paulo e Lucas, mas tirando deste o nascimento e a genealogia de Jesus, já que para ele Jesus não tinha descendência humana e viera diretamente de Deus. Também excluiu a tentação, pois Jesus apela para a autoridade do AT que ele repudiava (Kelly, 1994; Bruce, 1992). Marcião diminuiu muito o cânon do NT, mantendo somente o livro de Lucas e dez cartas de Paulo, o que sem dúvida acelerou o processo de canonização do NT (Lohse, 1972).

Um grupo que de certa maneira contribuiu para o aceleramento da canonização do NT era composto pelos montanistas. O fundador do montanismo foi Montano, que organizou o movimento por volta do ano de 156 d.C. Eles viviam separados da igreja e se autoproclamavam "pneumáticos", ou seja, aqueles que tinham o sopro do Espírito.

Com essas ideias influenciando a igreja, os líderes se preocuparam em acelerar a canonização do NT.

Como as coisas estavam se encaminhando para o processo de canonização, por volta do século IV, durante o mandato do imperador Romano Caio Aurélio Valério Diocleciano, houve uma perseguição muito forte aos cristãos e ele exigiu que entregassem os livros para serem queimados. Nesse período, os cristãos entregaram os livros menos importantes e mantiveram aqueles que consideravam sagrados.

No ano de 367, houve a primeira referência de Atanásio falando em 27 livros do NT, mas, em alguns locais, no entanto, o processo levou um pouco mais de tempo, já que não houve tanto rigor. O critério que finalmente decidiu a canonicidade foi a autoria apostólica ou a aprovação da parte deles (Kelly, 1994).

Um aspecto importante a ser considerado é que houve divergências entre o ocidente e o oriente, mas de maneira geral a forma básica do cânon já estava definida muito antes dos pronunciamentos dos concílios (Dunbar, 1995).

Existe uma ideia, defendida por alguns estudiosos, de que por volta de 207, na época de Tertuliano, o cânon já estava completo

(Bruce, 1992). No entanto, o que podemos de fato afirmar é que os líderes não pouparam esforços para que o cânon fosse finalizado.

Constantino, conhecido como Constantino Magno, nasceu em 272 d.C. e faleceu em 337 d.C. Ele foi o primeiro dos imperadores romanos a professar o cristianismo e apelou para que a igreja se unisse. Por volta do século IV, fez um pedido para que Eusébio fizesse 50 cópias da Bíblia com o objetivo de que todo esse material fosse usado pelas igrejas da época. Essas cópias tiveram a aprovação de Constantino e esse procedimento contribuiu para o processo de canonização.

A partir do momento em que houve o fechamento do cânon, deu-se um golpe mortal nas heresias. Por outro lado, isso poderia abrir portas para as heresias que poderiam usar os mesmos escritos que a igreja usava para autenticar os seus ensinos (Lohse, 1972), pois para aqueles que estão mal-intencionados, a Bíblia é a mãe de todas as heresias.

O que precisamos entender é que, com o fechamento do cânon, o cristianismo teve a orientação necessária para se manter nos caminhos de Deus.

Síntese

Neste capítulo, ressaltamos aspectos que conduziram a igreja a buscar diferentes maneiras para se organizar. Evidenciamos a formulação dos credos, que se deu pela grande quantidade de falsas doutrinas que apareceram no decorrer da história, cuja influência era cada vez maior. Os credos eram escritos dentro de um contexto histórico para fixar as ideias centrais do evangelho e colocar de lado outros grupos ou ideias. Discorremos também sobre o fechamento do cânon do Antigo e do Novo Testamento, que ocorreu pela necessidade, no decorrer da história, de estabelecer os livros que poderiam fazer parte da Bíblia e serem aceitos pela Igreja.

Atividades de autoavaliação

1. Indique se as afirmações a seguir são verdadeiras (V) ou falsas (F).

   Com o passar dos anos, a igreja passou de uma seita relativamente desunida e carismática para uma instituição muito mais formal, organizada e hierárquica. Essa transformação pode ser vista em três pontos:

   ( ) A hierarquização da liderança.
   ( ) A formulação dos credos.
   ( ) A construção de grandes catedrais.
   ( ) O fechamento do cânon.

   Assinale a alternativa que corresponde à sequência correta:

   a) V, V, F, V.
   b) V, V, F, F.
   c) V, V, V, V.
   d) F, V, F, F.

2. Indique se as afirmações a seguir são verdadeiras (V) ou falsas (F).

   Com o passar do tempo, houve a necessidade de estabelecer os bispos como a centralização do poder. Nesse sentido, podemos afirmar:

( ) Os bispos tinham a autoridade de decidir o que achassem apropriado.

( ) Os bispos adquiriram paulatinamente uma posição espiritual, desse modo, somente eles eram capacitados a declarar quem pertencia verdadeiramente à igreja cristã.

( ) Com o maior poder dos bispos, os leigos ficavam à margem das atividades da igreja, como o batismo, a entrega da Ceia, a liturgia e outras atividades, já que estas começaram a ser realizadas pelos religiosos.

( ) Os bispos eram pessoas simples, voltadas ao povo e preocupadas com a visão bíblica.

Assinale a alternativa que corresponde à sequência correta:

a) V, V, F, V.
b) V, V, F, F.
c) V, V, V, F.
d) F, V, F, F.

3. Indique se as afirmações a seguir são verdadeiras (V) ou falsas (F).

Com respeito ao credo de Niceia, podemos afirmar:

( ) Com a elaboração do credo de Niceia, a igreja estabeleceu orientações de fé para guiar suas ovelhas, bem como se proteger dos algozes hereges.

( ) Foi aceito também muitos séculos depois de sua criação pelos reformadores protestantes, como Lutero, Calvino e outros.

( ) Colaborou e deu uma orientação mais profunda e precisa à igreja.

( ) Foi criado no século XVII.

Assinale a alternativa que corresponde à sequência correta:

a) V, V, F, V.
b) V, V, F, F.
c) V, V, V, F.
d) F, V, F, F.

4. Indique se as afirmações a seguir são verdadeiras (V) ou falsas (F).

Com relação ao canôn do Antigo Testamento, podemos afirmar:

( ) Muito antes do nascimento de Jesus, havia a ideia de juntar os mandamentos de Deus para o povo.
( ) Um entendimento bem presente era de que o cânon do Antigo Testamento havia sido concluído nos dias de Jesus, mesmo que a LXX apresentasse vários livros apócrifos; entretanto, essa ideia não tinha aprovação da comunidade judaica.
( ) Fica evidente, em primeira análise, que parece não ter havido qualquer discussão entre Jesus e os rabinos da época quanto aos livros que eram considerados inspirados por Deus.
( ) O processo de canonização foi forçado por causa da luta entre os macabeus e Antíoco IV Epifânio por volta de 160 a.C.

Assinale a alternativa que corresponde à sequência correta:

a) V, V, V, V.
b) V, V, F, F.
c) V, V, V, F.
d) F, V, F, F.

5. Indique se as afirmações a seguir são verdadeiras (V) ou falsas (F).

Com relação a Constantino Magno, podemos afirmar:

( ) Nasceu em 272 d.C. e faleceu em 337 d.C.
( ) Foi o primeiro dos imperadores romanos a professar o cristianismo e apelou para que a igreja se unisse.
( ) Por volta do século IV, fez um pedido para que Eusébio fizesse 50 cópias da Bíblia com o objetivo de que todo esse material fosse usado pelas igrejas da época.
( ) foi um Imperador Romano que perseguiu a igreja primitiva.

Assinale a alternativa que corresponde à sequência correta:

a) V, V, V, V.
b) V, V, F, F.
c) V, V, V, F.
d) F, V, F, F.

Atividades de aprendizagem

Questões para reflexão

1. Quais foram alguns dos aspectos que levaram à hierarquização da igreja nos primeiros séculos?

2. Defina o que é o cânon bíblico.

3. O que levou à criação dos diferentes credos da igreja?

4. O que levou a igreja a estabelecer o cânon bíblico?

5. A autoridade dos apóstolos era comparada com a autoridade de quem? Por quê?

Atividade aplicada: prática

1. Quando falamos de organização e hierarquia na igreja, para muitos esse assunto é delicado e, muitas vezes, controverso. Visite uma igreja e converse com a liderança sobre a maneira como ela é organizada e como funciona o aspecto hierárquico.

capítulo quatro

O pensamento teológico de Agostinho

04

Neste capítulo, apresentaremos alguns aspectos relevantes sobre Agostinho de Hipona, como sua formação pessoal e acadêmica, e a influência filosófica que recebeu, principalmente da filosofia neoplatônica.

Um segundo aspecto que abordaremos será o entendimento de Agostinho sobre a igreja. Para ele, a igreja é um corpo de santos e pecadores que não pode excluir aqueles que negaram a fé por um motivo ou outro.

O terceiro ponto que analisaremos será o entendimento dele sobre a relação entre pecado e graça divina. Por último, trabalharemos a visão de Agostinho sobre o batismo.

4.1 Biografia

Agostinho de Hipona é considerado por muitos a pessoa que mais influenciou o cristianismo em toda a história.

Ele nasceu no ano de 353 d.C. na Numídia, África – nos dias atuais, Argélia –, e faleceu em 430 d.C. A mãe era cristã e o pai era pagão. Ainda jovem, foi a Cartago para estudar e vivia de maneira depravada, buscando um sentido para vida.

Crédito: André Müller

Como sua vida estava sem sentido, ele se juntou a um grupo de maniqueus que defendiam a ideia de dualismo, muito semelhante ao gnosticismo. O maniqueísmo faz distinção entre duas divindades diferentes: uma boa e outra má. Ele foi atraído para esse grupo e, ali, ele teve explicação para muitas dúvidas.

O ascetismo também atraiu Agostinho para resolver dilemas sobre algumas questões bíblicas, entretanto, logo ele foi para a Itália, onde se encontrou com Ambrósio, que gostava de alegoria, o que ajudou Agostinho a aceitar algumas passagens da Bíblia que julgava inaceitáveis (Hägglund, 1989).

As dúvidas e os conflitos de Agostinho eram constantes, pois compreender alguns temas ou assuntos, na época, não era algo tão simples. Ele viveu em conflito durante um tempo, sabendo que o cristianismo era algo mais que somente intelectual. Uma de suas orações foi: "Oh Deus, dá-me o dom da castidade... mas um pouco mais tarde" (Olson, 1999, p. 258). O texto bíblico que conduziu Agostinho a tomar a decisão de aceitar a Cristo e abandonar o estilo de vida que levava foi o seguinte: "Sejam honestos e verdadeiros em tudo o que fizerem, para que toda a gente aprove a vossa conduta. Não desperdicem o vosso tempo em festanças, rejeitem as bebedeiras e tudo em que reine a imoralidade, o adultério, ou ainda as rivalidades e a inveja. Identifiquem-se com a vida nova do Senhor Jesus Cristo e não pensem na maneira de dar lugar aos vossos maus desejos" (Romanos, 13: 13-14). A conversão transformou sua vida de maneira radical.

Com o passar do tempo e com muito estudo e dedicação, tornou-se bispo e escreveu muito, em especial contra as doutrinas erradas e as heresias que se formavam na época: o maniqueísmo, que tinha uma visão dualista; o pelagianismo, que afirmava que a salvação se dava pelas obras; e o donatismo, que tinha a visão de formar uma igreja somente de santos, ou seja, pessoa infalíveis.

4.2 Agostinho e a filosofia

Agostinho teve uma inclinação muito forte para a filosofia, sendo influenciado pela filosofia neoplatônica. *Neoplatonismo* é a nomenclatura utilizada para definir os diferentes pensamentos da escola que teve inspiração na ideia platônica e se desenvolveu do século III ao século VI. O que podemos observar é que essa escola tinha ideias direcionadas para os aspectos espirituais e cosmológicos do pensamento platônico.

Agostinho tinha o entendimento de que Deus é o bem absoluto, e isso era o que dava subsídio para suas ações e seus pensamentos. Para ele, Deus não pode ser entendido pela razão somente; essa ideia começou a fazer parte da vida de Agostinho após o momento de sua conversão. Depois disso, ele começou a criticar o neoplatonismo, uma tentativa de produzir uma síntese abrangente da filosofia e dos ideais religiosos – nela, o espírito é bom e a carne é má, é um cristianismo sem Cristo (Osborne, 1998).

O entendimento de Agostinho é de que a doutrina cristã começa pela fé, depois vem o entendimento: "Creio para que possa entender" (Marcos, 9: 24). No que se refere à conversão, podemos dizer que

> é o pressuposto do pensamento agostiniano. Somente na conversão é que se torna certa a fé, que não é necessitada por nada e não pode ser transmitida através de nenhuma doutrina, mas lhe é dada em dom por Deus. Quem não experimentou por si mesmo a conversão sempre encontrará algo de estranho em todo o pensamento que nela se fundamenta.
> (Reale; Antiseri, 1990, p. 434)

Agostinho acreditava que os filósofos buscavam a verdade, e isso ocorria porque eles faziam perguntas importantes com as quais devemos nos ocupar. É muito importante que façamos o devido uso do raciocínio dentro do cristianismo, entretanto, precisamos cuidar para que o raciocínio possa ter última palavra em nossas ações.

A conversão de Agostinho mexeu muito com ele, pois em seguida começou a ter uma relação bem diferente com a filosofia. Antes, ela abria a possibilidade de encontrar a verdade pela especulação filosófica; depois da conversão, ele "crê para que possa entender". A fé o conduziria para Deus, aceitando a verdade revelada. Mas isso não excluía totalmente a razão: "A fé busca, a inteligência encontra" (Hägglund, 1989, p. 99).

Essa mudança é compreensível, pois ele teve uma transformação na vida e também na maneira de pensar.

4.3 O entendimento de Agostinho sobre a igreja

Agostinho se colocava de maneira bastante firme contra as ideias dos donatistas, que pensavam que a igreja só poderia ser composta por um pequeno grupo de crentes "perfeitos". Somente aqueles que tivessem os dons do Espírito poderiam ser bispos. "Reconhecem como bispos verdadeiros apenas aqueles que demonstram, por suas vidas inatacáveis e seus dons, que são os portadores do Espírito" (Hägglund, 1989, p. 105).

Nos dias atuais, esta ideia tem sido muito divulgada por alguns grupos e indivíduos: somente aqueles que demonstram os dons do Espírito têm autoridade espiritual. Para alguns, pensar que é melhor que o outro ainda faz parte do cotidiano. Às vezes, pode-se ter uma percepção diferente, mas isso não significa que esteja errada ou seja menos desenvolvida espiritualmente.

Nos primeiros séculos do cristianismo, eram fortes as perseguições contra a igreja, que era forçada a entregar as cópias dos livros bíblicos que tinha. Enquanto havia algumas pessoas que se recusavam a entregar suas cópias, havia aquelas que entregavam e eram vistas como traidores, o que gerava desconforto na igreja. Depois que as perseguições diminuíram, alguns daqueles considerados traidores queriam voltar para a igreja, mas os donatistas se recusaram a deixá-los participar da comunhão.

Para Agostinho, a igreja precisava entender que é um corpo de santos e pecadores e não pode excluir aqueles que haviam negado a fé por um motivo ou outro. Esse aspecto ainda hoje muitas vezes é percebido na igreja, pois há aqueles que pensam que são mais santos que seus irmãos e apresentam dificuldade de aceitar o outro com suas limitações. Vamos analisar o texto bíblico de Mateus: "E como podes dizer a teu irmão: Permite-me remover o cisco do teu olho, quando há uma viga no teu? Hipócrita! Tira primeiro a trave do teu olho, e então poderás ver com clareza para tirar o cisco do olho de teu irmão" (7: 4-5).

Naquela época, o entendimento era de que a validade do ministério da igreja e de sua pregação não dependia da santidade dos ministros, mas da pessoa de Jesus Cristo. As falhas do ministro e sua vida imperfeita não tiravam a validade dos sacramentos. Essa visão se expandiu rapidamente e influenciou profundamente o conceito de igreja e dos líderes (McGrath, 1998). Olhando para essa ideia, podemos analisar dois lados:

1. Ponto negativo: a ideia de que santidade e autoridade são características que estão ligadas à liderança da igreja institucional, quer elas estejam presentes, quer não estejam. Já que os apóstolos haviam fundado a igreja mundial, aqueles que saíam dela estavam errados e cortavam relações também com Deus.
2. O entendimento de Agostinho: ele reagia contra um modelo que não queria conceder o perdão para aqueles mais fracos na fé, adotando outro modelo mais correto, que oferece o perdão para essas pessoas.

A Igreja de Jesus está espalhada por todo o mundo, pois, em conformidade com a Bíblia, onde estiverem dois ou mais reunidos em nome de Jesus, ali ele estará. Sendo assim, essa igreja, que é composta de pecadores e pessoas que têm dificuldades para viver em conformidade com os princípios cristãos, não pode ser jogada fora (como queriam os donatistas). Os que pretendem participar ou participam dela não devem ser colocados para fora mesmo que não vivam como deveriam.

No entendimento dos donatistas, a igreja deveria ser a mesma no Céu e na Terra, sempre um remanescente pequeno, mas Agostinho ofereceu outro modelo de igreja: "A igreja universal disseminada pelo mundo inteiro e contendo dentro de si tanto o bem como o mal até a separação definitiva no dia final" (Olson, 2001, p. 269). De acordo com Agostinho, existe base bíblica, pois isso pode ser visto na parábola do trigo e do joio. Não seria sábio tentar fazer essa separação entre o trigo e o joio, pois ela acontecerá no fim dos tempos. Para ele, a separação precisa ser feita por Deus, porque nenhum humano pode fazê-la. A santidade da igreja depende de Cristo, e não das pessoas, pois todas estão contaminadas pelo pecado.

Os donatistas zelavam pela pureza da igreja e queriam que ela fosse um refúgio para os crentes fugirem do mundo. Agostinho achava que a igreja existia em função de um mundo que estava agonizado no pecado (Bosch, 1991).

A comunidade dos verdadeiros crentes é a Igreja de Cristo, e nela quem opera é o Espírito de Deus. Essas pessoas estão unidas por uma comunhão interna, invisível, pelo Espírito, e essa organização não é equivalente à organização eclesiástica externa ou humana. A verdadeira igreja é toda a cristandade que está sobre a Terra. Não podemos dizer que ela começa aqui e termina ali, existe a igreja invisível, os verdadeiros crentes. A verdadeira fé somente é vista nas pessoas que estão em união eclesial.

4.4 O entendimento de Agostinho sobre a relação entre pecado e graça divina

O entendimento de Agostinho sobre a livre escolha era baseado na ideia de que o ser humano é livre, por isso não age porque é forçado.

Agostinho vê que a livre escolha somente pode ser restaurada com a operação da graça divina. Para exemplificar esse conceito, ele compara a nossa vida com uma balança com dois pratos: o bem e o mal. Inicialmente os pratos estavam equilibrados e podíamos escolher entre o certo e o errado. Como havia o equilíbrio, avaliavam-se os argumentos a favor de cada lado e, assim, a decisão era tomada. Mas quando houve a queda, alguns pesos grandes foram colocados sobre o prato do mal. Assim, a balança ainda funciona, mas está bastante tendenciosa para o mal. Logo, nosso julgamento hoje é seriamente afetado pelo pecado; ainda temos a livre escolha, mas ela está comprometida (McGrath, 1998).

A doutrina teológica de Agostinho se baseia em dois pressupostos básicos: o primeiro é a total soberania de Deus e o segundo é que o homem é totalmente depravado e sem qualquer chance após a queda.

Com base nesses pressupostos, podemos entender que a humanidade foi afetada pelo pecado a ponto de estar gravemente enferma, o que a tem afastado de Deus. Sendo assim, ela não consegue diagnosticar o problema que é o pecado nem se curar pela graça.

Um entendimento ressaltado é de que o pecado nos contamina desde o nascimento e não temos controle sobre ele. Dessa maneira, o pecado é visto como uma doença hereditária que não pode ser curada pelos homens. Cristo é o grande médico que nos cura pela sua graça, de modo que a nossa mente reconheça a Deus e que a nossa vontade responda às ofertas divinas da graça: esse é o entendimento de Agostinho.

Se o pecado é algo que acompanha o ser humano, logo, a salvação é atribuída somente à graça, e assim ela se torna irresistível. Isso não significa que Deus força o ser humano violentando a decisão; Ele conduz a pessoa a mudar a vontade ao ponto de que, voluntariamente, escolha o que é certo. A graça é concedida ao homem não porque ele crê, mas para que possa crer, pois a fé é o dom de Deus (Berkhof, 1983).

A graça de Deus pode nos salvar, entretanto, a salvação é pura graça sem o mérito do ser humano. A graça perdoa os pecados e regenera, cria nova vontade no homem; desse modo, o ser humano tem a vontade de fazer o bem. Sem essa graça, o homem nunca pode fazer o que é certo, pois a graça nos é dada por Deus e é a Ele que devemos a salvação.

O homem nunca pode tomar o primeiro passo na direção da salvação por si só, já que é totalmente depravado (McGrath, 1998).

Agostinho distingue a capacidade que o ser humano tem de nascença e a capacidade dada a ele pela graça divina. A graça oferece a possibilidade de esse ser humano frágil e pecador ser curado e restaurado. Agostinho vê a graça como a presença de Cristo em nós, transformando-nos, algo interno e ativo, uma transformação que ocorre de dentro para fora.

Para ele, a salvação depende somente de Deus, que predestinou as pessoas para serem salvas e perdidas. Os eleitos não vão cair da fé, pois com a fé vem a perseverança como dom de Deus. Agostinho está muito perto do conceito de graça irresistível. Não foi Agostinho que escolheu a Deus, mas Deus que o escolheu (Olson, 1999).

4.5 O entendimento de Agostinho sobre o batismo

No entendimento de Agostinho, o batismo em si é um ato sagrado e não depende de quem o pratica:

Há grande diferença entre um apóstolo e um beberrão; mas não há diferença nenhuma entre um batismo cristão realizado por um apóstolo e um batismo cristão realizado por um beberrão... Não há diferença entre um batismo cristão realizado por um apóstolo e o que é realizado por um herege. A água empregada num batismo herético não é adulterada; pois a criação de Deus não é em si mesma má, e a Palavra do evangelho não deve ser considerada falha por qualquer mestre. (Hägglund, 1989, p. 106)

Nessa ideia de Agostinho, podemos perceber algumas afirmações. Em primeiro lugar, que o ato do batismo é, em si, sagrado. Em segundo lugar, podemos perceber que não importa quem será o celebrante do batismo.

Para ele, o batismo é necessário para lavar o pecado original que é fruto da herança pecaminosa do ser humano. Sendo assim, a criança batizada será naturalmente introduzida na salvação que está presente na igreja. Crianças batizadas morrem para o pecado. Crianças que não tiveram o batismo, mesmo sem possibilidade para tal, estão condenadas ao inferno.

Mais tarde, Agostinho falou que essas crianças talvez fossem para o limbo, que seria o local onde estão os santos do Antigo Testamento que Jesus libertou quando desceu ao Hades para irem ao céu. Existe outra parte do limbo onde estão as crianças que morreram sem o batismo e não puderam lavar o pecado original. Essas sofrem por não poder estar na presença de Deus, mas não pelos pecados (Erickson, 1996). Essa explicação se tornou popular, no entanto, não foi aceita oficialmente pela Igreja Católica.

A afirmação de que o ato batismo era um ato em si, independentemente de quem o realizasse, era muito forte, mas também é verdade que somente o batismo da igreja tem influência redentora, apesar de o batismo nos cismáticos também ser válido: "O batismo confere o perdão dos pecados e a regeneração apenas quando os homens aderem à única igreja. Pois é somente dentro da igreja que o Espírito Santo é derramado, e com ele o dom do amor" (Hägglund, 1989, p. 106-107). O religioso – padre ou bispo – pode realizar os sacramentos eficazes que transmitem graça e transformam a vidas das pessoas, mas eles devem ser ordenados dentro da sucessão apostólica e a ela estar ligados.

Um pensamento interessante de Agostinho é que aquele que recebe o batismo não perde o seu efeito se por uma razão ou outra se desligar da igreja, pois para ele o sacramento cumpriu sua função independentemente da ação do sujeito: "A pessoa batizada não perde o sacramento do batismo quando se separa da unidade da igreja" (Hägglund, 1989, p. 107). Existe um perigo nessa afirmação, pois a pessoa pode pensar que o sacramento em si lhe trará salvação, independentemente de sua maneira de viver, mesmo que em desconformidade com os ensinamentos da Bíblia.

Uma das preocupações de Agostinho era que precisava haver uma preparação para o batismo e um ensinamento para os novos convertidos, para que soubessem de seu compromisso com Cristo. Mas, com o decorrer do tempo, isso se perdeu e o ritual se tornou mais importante do que o significado.

Os donatistas acreditavam que o batismo depende das qualidades pessoais de quem batiza. Agostinho diz que o sacramento é eficiente em si mesmo (McGrath, 1998). Os donatistas tinham esse entendimento, porque, para eles, a validade do sacramento era ilegal – e o resultado dessa afirmação foi que as propriedades dos donatistas foram confiscadas e eles foram multados – essa era a punição para aqueles que se recusavam a retornar à Igreja Católica. Os argumentos de Agostinho se basearam em Lucas (14: 23), em que consta que as pessoas eram forçadas a comparecer ao banquete do senhor.

Síntese

Neste capítulo, tratamos sobre Agostinho de Hipona, um personagem que deixou muitas contribuições para o pensamento teológico, influenciando tanto sua época como os séculos posteriores. Apresentamos seu pensamento sobre questões como a igreja, que para ele é um corpo de santos e pecadores que não pode excluir os que haviam negado a fé por um motivo ou outro; a relação entre o pecado e a graça divina, que no entendimento do filósofo era baseada na ideia de que o ser humano é livre, razão porque não age forçado; e o batismo, que para ele é um ato sagrado em si e não depende de quem o pratica.

Perguntas & respostas

Nos primeiros séculos do cristianismo, eram fortes as perseguições contra a igreja, que era forçada a entregar as cópias dos livros bíblicos que tinha. Enquanto havia algumas pessoas que se recusavam a entregar suas cópias, havia aquelas que entregavam e eram vistas como traidoras. Depois que as perseguições diminuíram, alguns daqueles considerados traidores queriam voltar para a igreja, mas os donatistas se recusavam a deixá-los participar da comunhão. Para Agostinho, a igreja precisava entender que é um corpo de santos e pecadores e não pode excluir aqueles que haviam negado a fé por um motivo ou outro.

Nos dias atuais, existem aquelas pessoas que pensam que são mais espirituais que outras que já cometeram alguns tipos de pecado. Como devemos lidar com essa situação?

Há aquelas pessoas que pensam que são mais santas que seus irmãos e apresentam dificuldades em aceitar o outro com suas limitações. Veja o texto bíblico de Mateus: "E como podes dizer a teu irmão: Permite-me remover o cisco do teu olho, quando há uma viga no teu? Hipócrita! Tira primeiro a trave do teu olho, e então poderás ver com clareza para tirar o cisco do olho de teu irmão" (7: 4-5). Esse texto nos mostra que devemos olhar para nós mesmos e ver que temos pecados que nos condenam também.

Atividades de autoavaliação

1. Indique se as afirmações a seguir são verdadeiras (V) ou falsas (F).

   Agostinho de Hipona é considerado por muitos a pessoa que mais influenciou o cristianismo em toda a história, pois suas contribuições fora de suma importância. Sobre ele, podemos afirmar:

   ( ) Nasceu no ano de 353 d.C. na Numídia, África, e faleceu em 430.
   ( ) A mãe era cristã e o pai era pagão.
   ( ) Ainda jovem, foi a Cartago para estudar e vivia de maneira depravada, querendo sempre achar um sentido para vida.
   ( ) Com muito estudo e dedicação, tornou-se bispo e escreveu muito, em especial contra as doutrinas erradas e as heresias.

   Assinale a alternativa que corresponde à sequência correta:

   a) V, V, V, V.
   b) V, V, F, F.
   c) V, V, V, F.
   d) F, V, F, F.

2. Indique se as afirmações a seguir são verdadeiras (V) ou falsas (F).

No que se refere à compreensão e ao entendimento sobre a igreja, podemos dizer que, para Agostinho:

( ) a Igreja de Jesus está espalhada por todo o mundo, pois, em conformidade com a Bíblia, onde estiverem dois ou mais reunidos em nome de Jesus, ali ele estará.

( ) a igreja é composta de pecadores e pessoas que têm dificuldades para viver em conformidade com os princípios cristãos.

( ) a igreja era um refúgio para os crentes fugirem do mundo, desse modo, não deveriam nem se preocupar com o mundo.

( ) a igreja existia em função de um mundo que estava agonizado no pecado e que deveria se preocupar com ele.

Assinale a alternativa que corresponde à sequência correta:

a) V, V, V, V.
b) V, V, F, V.
c) V, V, V, F.
d) F, V, F, F.

3. Indique se as afirmações a seguir são verdadeiras (V) ou falsas (F).

A doutrina teológica de Agostinho se baseia em dois pressupostos básicos. Quais são eles?

( ) A total soberania de Deus.
( ) Que o homem é totalmente depravado e sem qualquer chance após a queda.

( ) Que o ser humano é digno de ter um relacionamento com Deus, pois é criatura Dele.

( ) Que Deus não está no controle de nada.

Assinale a alternativa que corresponde à sequência correta:

a) V, V, V, V.
b) V, V, F, V.
c) V, V, V, F.
d) V, V, F, F.

4. Indique se as afirmações a seguir são verdadeiras (V) ou falsas (F).

Com relação ao entendimento de Agostinho sobre batismo, pode-se afirmar:

( ) Em si, o batismo é um ato sagrado e não depende de quem o pratica.

( ) Não importa quem será o celebrante do batismo.

( ) Uma das preocupações de Agostinho era que precisava haver uma preparação para o batismo e um ensinamento para os novos convertidos, para que soubessem de seu compromisso com Cristo.

( ) O batismo era mais importante que a pessoa de Cristo.

Assinale a alternativa que corresponde à sequência correta:

a) V, V, V, V.
b) V, V, F, V.
c) V, V, V, F.
d) V, V, F, F.

5. Indique se as afirmações a seguir são verdadeiras (V) ou falsas (F).

A graça de Deus pode nos salvar, entretanto, a salvação é pura graça sem o mérito do ser humano. A graça perdoa os pecados e regenera, cria nova vontade no homem; desse modo, o ser humano tem a vontade de fazer o bem. Sem essa graça, o homem nunca pode fazer o que é certo, pois a graça nos é dada por Deus e é a Ele que devemos a salvação. Conforme esse parágrafo, podemos afirmar:

( ) A salvação é um mérito do ser humano.
( ) A salvação é fruto da misericórdia e da graça de Deus.
( ) A graça perdoa os pecados e regenera, cria nova vontade no homem.
( ) Sem a graça, o ser humano nunca pode fazer o que é certo, pois a graça nos é dada por Deus.

Assinale a alternativa que corresponde à sequência correta:

a) F, V, V, V.
b) V, V, F, V.
c) V, V, V, F.
d) V, V, F, F.

Atividades de aprendizagem

Questões para reflexão

1. Qual foi a formação acadêmica de Agostinho de Hipona?
2. Qual era o entendimento de Agostinho sobre a igreja?

3. Qual era a compreensão de Agostinho sobre a relação da graça divina e do pecado humano?
4. Qual era o entendimento de Agostinho sobre o batismo?
5. Qual era a compreensão dos donatistas sobre o batismo?

Atividade aplicada: prática

1. Agostinho foi um personagem da história da teologia que nos deixou um grande legado. Pesquise e apresente duas contribuições deixadas por ele na igreja de sua época.

capítulo cinco

O pensamento teológico
na Idade Média

05

Neste capítulo, apresentaremos aspectos relevantes sobre a Idade Média, período compreendido entre os séculos V e XV, com início após a queda do Império Romano. Trabalharemos o rompimento da Igreja do Ocidente com a Igreja do Oriente e abordaremos os muitos fatores de levaram a essa Ruptura: aspectos teológicos, políticos e doutrinários – questões que ao longo da história minaram essa relação.

Também trataremos do movimento escolástico e suas influências. O termo *escolástica* vem de *schola* (escola), compreendido como o método de ensino utilizado nas universidades da Europa na Idade Média por mais de 400 anos, do ano 1100 até aproximadamente 1500. Por último, falaremos sobre Tomás de Aquino, um personagem de extrema importância para a teologia, especialmente para o catolicismo. Para muitos, Tomás de Aquino é considerado o maior teólogo da Igreja Católica entre Agostinho e Karl Rahner.

5.1 Desenvolvimento histórico

Antes de entrarmos no assunto do pensamento teológico, é necessário nos situarmos na história. Alguns acontecimentos da Idade Média são considerados importantes e podem nos auxiliar a estabelecer um marco para o início da Idade Moderna, uma vez que a definição do encerramento da Idade Média depende muito do referencial utilizado, mas considera-se que seja marcado pela viagem de Cristóvão Colombo às Américas, em 1492, e pela queda de Constantinopla, em 1493, tomada pelos turcos.

Há ainda aqueles que consideram a Reforma Protestante que ocorreu 1517 como um marco que pontua o fim da Idade Média. Existem outros acontecimentos apresentados como importantes, mas, com a morte de Agostinho, parece que houve um silêncio teológico. A igreja ocidental se tornou a Igreja Católica Romana, que se diferencia da Igreja Ortodoxa do Oriente. Cada uma delas tem o entendimento de que a própria igreja continua na doutrina, é a sucessão dos apóstolos e que os outros são separatistas que precisam ser trazidos de volta para a igreja certa.

Nos dias de Constantino, cerca de 10% da população do império era cristã. Conhecido como Constantino Magno ou Constantino, o Grande, foi um imperador romano que nasceu em 27 de fevereiro de 272 d.C. e faleceu em 22 de maio de 337 d.C. Foi o primeiro imperador romano a declarar que era cristão, oficializando o cristianismo como religião do Estado.

Com o passar do tempo, o número de pessoas que professavam o cristianismo apenas cresceu.

Como o crescimento extraordinário levou a um declínio no zelo, muitos crentes sinceros decidiram deixar a sociedade e dedicar-se a exercícios espirituais e à preparação para o outro mundo. Esses monges e freiras,

> que abriam mão de todos os confortos físicos, rejeitavam o sexo e casamento e comiam e dormiam pouco tomaram o lugar dos mártires como novos heróis dos fiéis. (Clouse; Pierard; Yamauchi, 2003, p. 102-103)

Com esse crescimento cada vez maior, em alguns momentos algo meramente oficial ou nominal, alguns aspectos importantes talvez tenham sido deixados de lado. O movimento monástico começou de forma lenta, mas, com o passar do tempo, foi tomando forma. Teve início nas regiões montanhosas e remotas do Egito e em partes da Síria Oriental durante o século III.

Muitos cristãos começaram a construir casas nessas regiões com o objetivo de fugir dos grandes centros populacionais, pois esses ofereciam muitas distrações.

Antônio do Egito pode ser um exemplo importante de quem teve a iniciativa de deixar a casa dos pais, no ano 273 d.C., com o objetivo de buscar uma vida de disciplina e solitude no deserto. Quando tinha 20 anos, vendeu tudo o que tinha e deu o dinheiro aos pobres para viver sozinho. Quando retornou, vários anos mais tarde, foi considerado um modelo de santidade:

> Ele curava os enfermos, mediava controvérsias e ensinava a sabedoria que havia aprendido. À medida que os discípulos eram atraídos a ele, foram sendo criadas comunidades informais de eremitas que imitavam a conduta desse exemplo espiritual. (Clouse; Pierard; Yamauchi, 2003, p. 102)

A ideia de se afastar ou de se separar do mundo pecaminoso e que distraía as pessoas tornou-se central nas comunidades dos monges, e alguns insistiam na necessidade de isolamento individual, ou seja, o isolamento total, não somente em um mosteiro com os demais colegas. Entre os anos de 320 e 325, um mosteiro antigo foi fundado por Pacômio e os integrantes da comunidade concordaram em se submeter a uma vida em comum regulada por uma regra, sob a supervisão de um superior.

Um aspecto importante observado quando se pensava em um mosteiro era a estrutura física que este apresentava. O local deveria ser cercado por uma muralha, ressaltando o entendimento de separação e afastamento do mundo. O termo *koinonia* dava o entendimento de uma vida comum, assim, tudo era de todos: comida, mobília nos quartos dos monges – que eram chamados de *celas* etc. As atividades realizadas no interior dos mosteiros visavam ao bem do grupo.

Por volta do século IV, já havia monastérios em muitas localidades, especialmente na região da Síria e da Ásia Menor. No século V, chegaram à Itália, à Espanha e à Gália. Por volta dos anos de 400 e 425, Agostinho estabeleceu dois monastérios no norte da África, pois, para ele, a vida comum era essencial para a realização do ideal cristão do amor. Ele deu ênfase à vida em comunidade com uma apreciação da importância da atividade intelectual e do estudo espiritual (McGrath, 1998).

A contribuição dos mosteiros para o crescimento do pensamento cristão foi algo muito importante, pois, em sua maioria, tornaram-se centros de atividade teológica e espiritual. Durante a patrística[1] e a Idade Média, a maior parte dos teólogos importantes eram membros de comunidades monásticas ou estavam ligados a elas (McGrath, 1998).

A vida no mosteiro é uma vida de muita privação. A pessoa deve viver como um monge, abstendo-se de todas as vontades da carne. A pessoa que quer ter a garantia do perdão precisa se unir a uma ordem monástica e negar até as coisas que sejam permitidas por Deus por conterem a semente da tentação (Olson, 2001).

---

1 *Patrística* é o nome dado à filosofia cristã. O período patrístico abrange o período entre o século I e o século VII.

A popularidade dos mosteiros era grande e existiam muitos deles, considerados como o local para onde as pessoas iam quando queriam fugir da hipocrisia e da vida imoral das igrejas. O entendimento era de que as pessoas que levavam Deus a sério também se tornavam estudiosas da Bíblia. A visão de se manter puro, santo e separado ocorria por causa da cultura do mundo que dominava a época. O que fica muito evidente é o entendimento de que a pureza e a santidade de vida eram possíveis por meio do isolamento.

Um aspecto importante é que havia tensão frequente entre os líderes monásticos e a hierarquia eclesiástica. Os líderes monásticos, em sua grande maioria, eram leigos e desprezavam o sacerdócio. João de Nicópolis afirmou isso quando aconselhou: "Se desejas escapar dos problemas, não deixes o deserto, pois no deserto ninguém pode ordená-lo bispo" (Clouse; Pierard; Yamauchi, 2003, p. 106).

Os mosteiros deram grandes contribuições para o pensamento teológico, pois serviram, em muitos momentos da história, como locais de estudos e reflexões sobre os diferentes aspectos da Bíblia, bem como da própria igreja.

5.2 A Grande Ruptura

Desde o surgimento, a igreja permaneceu, pelo menos de maneira aparente, uma só, e todos estavam sob uma liderança geral, mas com divergências de pensamentos e visões, houve a Ruptura entre a Igreja do Oriente e a Igreja do Ocidente.

Por volta do ano 809, um sínodo reunido em Aachen havia afirmado que a expressão grega "através do Filho" era entendida como herética e tinha de ser substituída pelo "e do Filho" (*filioque*).

O Papa Leão III (750-816) se esforçou para evitar a separação e se recusou a aceitar qualquer mudança no credo. Houve vários esforços para manter a unidade e evitar a separação, mas os debates continuaram a questão: O credo poderia ser modificado?

Um aspecto que gerava muita discussão era a compreensão no Oriente de que Deus Pai é a fonte de tudo e o Espírito não procede de Cristo da mesma maneira que do Pai. O entendimento no Ocidente era de que o Espírito Santo era o amor que une o Pai e o Filho e, dessa maneira, afirmava-se que o Espírito procede do Pai e do Filho. Essa divergência permanece até os dias atuais, dificultando qualquer aproximação entre as igrejas.

No ano de 1054, a separação foi oficialmente confirmada, e cada igreja se considerava como a igreja ortodoxa, ou seja, aquela que segue à risca e se mantém fiel à Palavra.

Muitos foram os fatores que levaram à Ruptura: aspectos teológicos, políticos e doutrinários – que, ao longo da história, minaram essa relação.

Uma das questões que contribuiu para acelerar a Ruptura foi o entendimento relacionado ao Espírito Santo, como citado anteriormente.

Essa discussão foi apenas uma das divergências entre os dois grupos – para alguns, isso foi usado como pretexto para a divisão. Outro acontecimento que conduziu à Ruptura foi quando alguns monges latinos de Jerusalém visitaram uma capela na Europa e levaram consigo uma nova versão do credo. Os líderes do Oriente afirmaram que os latinos tinham retornado com uma nova versão modificada do credo e consideraram isso como uma heresia.

O quadro a seguir apresenta algumas diferenças entre a Igreja do Ocidente e a Igreja do Oriente.

Quadro 5.1 – Diferenças entre a Igreja do Oriente e a Igreja do Ocidente

Ocidente	Oriente
Acredita que o Espírito Santo procede do Pai e do Filho.	O Espírito Santo procede do Pai através do Filho.
Salvação vista em termos jurídicos, absolvição ou condenação divina das almas.	Deus e o homem participam na salvação.
Autoridades externas e objetivas (Bíblia, credos, lei canônica).	A tradição passa a ser a norma suprema de toda a teologia (a Bíblia faz parte da tradição). A tradição se completou por volta de 787 (Concílio de Niceia II).
A teologia é uma filosofia.	Teologia é reflexão sobre a tradição = interpretação da adoração e da Bíblia. Mantém fidelidade à "mente de Cristo" pela liturgia da igreja, pela tradição da santidade, pela *gnosis* viva da verdade.
A adoração é produto da reflexão sobre a Bíblia e a teologia.	A liturgia é a fonte e a expressão de sua teologia: "A lei da adoração é a lei da crença".
Maior abertura para mudanças em virtude da conversão dos povos bárbaros.	Os muçulmanos pressionavam a igreja oriental, que sempre esteve em conflito.
Celibato para todo o clero.	Celibato somente para o alto clero.
O papa de Roma é o senhor absoluto.	Não reconhecem a autoridade de Roma.
Aceita o juízo após a morte.	Não aceita o juízo particular imediatamente após a morte.
Acredita no purgatório.	Não admite a existência do purgatório, do limbo ou das indulgências.

Fonte: Olson, 2001, p. 290-298.

Na época, também surgiu a iconoclastia (movimento político-religioso contra a veneração de imagens religiosas), a utilização de imagens de Cristo e dos santos que atuam de certa forma como intercessores acessíveis a Deus e não como ídolos. Eles eram como livros para os analfabetos (Olson, 2001).

A partir do momento que Constantino transferiu a capital do império de Roma para Constantinopla, que passou a ser considerada a Nova Roma, o papa que estava em Roma começou a ficar em segundo plano, perdendo, assim, muito do seu prestígio e poder.

Sendo assim, o imperador era visto como corregente de Cristo e, com isso, podia ensinar o que bem lhe conviesse, às vezes introduzindo doutrinas estranhas sem o consentimento do papa. Os imperadores estavam mais interessados na unidade do império, então a politicagem dominou essa esfera da igreja, em nome dessa união. Dessa maneira, para manter a "boa convivência", alguns aspectos morais e éticos eram deixados em segundo plano em nome da unidade política.

Em torno do século VI, a igreja ortodoxa começou a encorajar a pintura e também a criação de estátuas de Cristo, da Virgem, de santos e de anjos, com o entendimento de que tinham poderes de cura e proteção. Atribui-se a eles a proteção de Constantinopla da invasão estrangeira.

Leão III (717-741), imperador bizantino, nasceu na antiga Síria e se opôs aos ícones, pois para ele isso ia contra o segundo mandamento. No entendimento dele, a erupção vulcânica na Ilha de Tera, em 726, foi fruto da ira de Deus, que proibiu as pessoas de se ajoelharem diante das imagens. Anos mais tarde, Leão III ordenou a retirada de todos os ícones das igrejas e dos lugares públicos, o que despertou a ira do patriarca e dos monges.

O papa Gregório II (669-731), que era a favor dos ícones como símbolos da realidade divina, protestou, mas sofreu retaliações. O filho de Leão III usou a força para estabelecer com brutalidade os decretos iconoclastas, torturando os simpatizantes dos ícones e demolindo os mosteiros, ordenando que os residentes se casassem ou fossem exilados. Ele substituiu os ícones pela cruz, a Bíblia e os elementos da eucaristia (Clouse; Pierard; Yamauchi, 2003).

Houve o segundo Concílio de Niceia no ano de 787, cujo objetivo era restituir a veneração aos ícones. Representantes de Roma estavam presentes e a decisão foi de manter a veneração; tal atitude acabou por criar divisão maior, pois o Oriente achava que os ícones recebiam a mesma reverência que a Santa Trindade. Uma nova onda de iconoclasmo foi iniciada pelo imperador Leão V (813-820), que acreditava que os bizantinos haviam perdido duas batalhas para os hereges búlgaros porque os cristãos adoravam ícones e, por isso, tentou destruí-los. Teodósia, viúva do imperador, restituiu a veneração aos ícones em 843, convenceu um sínodo a condenar os iconoclastas e confirmou o decreto do sétimo Concílio de 787.

5.3 Escolástica

O termo *escolástica* vem de *schola* – escola – e é compreendido como o método de ensino utilizado nas universidades da Idade Média na Europa por aproximadamente 400 anos: do ano 1100 até por volta do ano de 1500.

Para Tillich, os escolásticos entendiam que a teologia era a base da resposta para os diferentes problemas da vida, usando a interpretação teológica como recusa para a busca de respostas e entendimentos (Tillich, 1988). Outro autor que pode nos ajudar a compreender um pouco mais esse movimento é Olson, pois, para ele, a escolástica é um movimento que tem por objetivo apresentar, de maneira metodológica e filosófica, que a teologia cristã é essencialmente racional e coerente no contexto da Europa Medieval (Olson, 2001). Um terceiro autor que apresenta seus entendimentos sobre o assunto é McGrath; para ele, os escolásticos procuravam dar uma justificativa racional para as crenças religiosas e faziam uma apresentação sistemática dessa fé. A escolástica não se refere a um sistema de crenças, mas a uma maneira de enxergar e organizar a teologia, um método que enfatizava diferenças mínimas, tentando atingir uma visão do todo da teologia (McGrath, 1998).

Um quarto autor é Hägglund. Para ele, os escolásticos tinham uma forma de pensamento que se referia à teologia, tomou corpo nas universidades ocidentais em meados do século XI e se estendeu até ser sufocada e destruída pelo humanismo e também pela Reforma (Hägglund, 1989). Com base nos autores apresentados, podemos compreender que a escolástica é uma forma de pensamento que faz o uso da razão para explicar os diferentes problemas da vida por meio da teologia.

A escolástica teve origem nos mosteiros e nas universidades, como Paris e Oxford, que haviam surgido há pouco tempo naquela época. Segundo Olson (2001), três são as características mais comuns do escolasticismo medieval, pois esses pensamentos contribuíram muito para a história da teologia.

1. Em primeiro lugar, a escolástica firmou a razão como sendo o caminho para o conhecimento, mesmo na teologia. O lema da escolástica era "a fé em busca do entendimento".
2. Em segundo lugar, uma ideia bem comum para os escolásticos era a preocupação em encontrar o caminho correto entre a filosofia não cristã e a revelação de Deus. Uma grande parte das obras de Aristóteles foi traduzida para o latim por volta do século XIII, e as ideias de Platão também eram usadas nos escritos teológicos.
3. Uma terceira característica sobre os escolásticos, apresentada por Olson (2001), era que faziam uso de certo estilo de ensinar e

escrever que tinha como enfoque grandes comentários sobre teólogos e filósofos do passado e eram analisados por meio da dialética.

Todos os grandes escolásticos atribuíam enorme valor à lógica, que era a ferramenta básica da teologia, usada para chegar às respostas desejadas.

Um entendimento claro a respeito da escolástica era de que sua filosofia desenvolveu um sistema de pensamento coerente e abrangente. A preocupação deles era em sistematizar a fé muito mais que desenvolver novas ideias, organizando todo o ensino que havia.

Para os escolásticos, o pensamento racional poderia, com o auxílio da graça divina, descobrir as respostas para todas as questões importantes daqueles dias.

Um pensamento interessante destacado por eles e apresentado por Olson (2001, p. 139) era:

> *Nenhuma afirmação ou proposição ilógica podia ser considerada verdadeira. A lógica era a ferramenta básica da teologia para se chegar às respostas corretas de todas as perguntas concebíveis e eliminar as respostas falsas. Todos os escolásticos admitiam que a lógica era uma dádiva de Deus para a mente que a conectava com o mundo e ao próprio Deus que fosse cristão no sentido de ser fiel à revelação e à tradição divinas e intelectualmente superior a todas as cosmovisões alternativas e concorrentes.*

De acordo com isso, a lógica seria um meio pelo qual seria possível chegar à resposta correta para as questões que surgiam no decorrer da vida. A escolástica tinha uma grande preocupação em descobrir o relacionamento correto entre filosofias não cristãs e a revelação divina, ou seja, conciliar aquilo que era revelado por Deus com formas de pensamento – e entendimentos filosóficos não cristãos eram algo que gerava certo conflito.

5.4 Tomás de Aquino (1225-1274)

Foi um personagem de extrema importância para a teologia, em especial para o catolicismo, sendo para muitos considerado o maior teólogo da Igreja Católica entre Agostinho e Karl Rahner. Nasceu no ano de 1225 na Itália e faleceu no dia 7 de março de 1274.

Entrou na universidade e foi influenciado muito pela filosofia de Aristóteles – e não de Platão, como tantos outros antes dele. Na universidade, também conheceu a ordem dos dominicanos e se juntou a eles. Saiu da Itália, foi para a Alemanha e, depois, foi estudar em Paris. Lá, escreveu as grandes obras *Summa Theologica* (*Teologia sistemática*) e *Summa contra Gentiles*.

Tomás de Aquino foi filósofo e teólogo. Uma expressão importante atribuída a ele é que a teologia se tornaria a rainha de todas as ciências e a filosofia seria o seu servo. Os teólogos estavam tentando entender os mistérios da fé cristã e usaram a filosofia para isso.

5.4.1 O entendimento de Tomás de Aquino sobre a existência de Deus

O entendimento de Tomás de Aquino sobre Deus dá-se a partir da ideia de que o conhecimento de Deus é desenvolvido com base em cinco aspectos importantes do mundo criado: movimento, causa eficiente, necessidade, perfeição e ordem das coisas. Desse modo, Aquino fala de Deus como o primeiro motor móvel, a primeira causa, a necessidade absoluta, a perfeição absoluta e a suprema inteligência. Nosso conhecimento sobre Deus é imperfeito; assim, podemos chegar à conclusão de que ele existe, mas não do que Ele é. Para isso, temos a revelação, conhecimento que vem pela fé e se distingue do conhecimento puramente racional que pode ser comprovado (Hägglund, 1989).

Vamos nos aprofundar um pouco mais nessa ideia, conhecida como *argumento teleológico*. A primeira ideia é entendida como o primeiro motor móvel – tudo está em movimento. O mundo não é estático, mas móvel, uma vez que acontecem mudanças que precisam ser causadas por alguém, desse modo, cada movimento precisa de uma causa.

A segunda ideia é a chamada de *primeira causa* – argumento muito similar ao primeiro movimento. Tomás de Aquino afirma que existe causa e efeito para tudo e o efeito é explicado pela causa. Quando vamos a fundo, descobrimos que a causa primeira só pode ser Deus.

A terceira ideia apresentada por ele é a necessidade absoluta, ou seja, existem seres sobre a Terra que não necessitariam estar. Deus precisa existir e os seres humanos não precisariam necessariamente existir. O mundo poderia existir sem nós, mas não sem Deus. Assim, fomos criados por outro ser que já existia antes de nós. Indo atrás da origem de quem nos criou, logo chegamos em Deus.

A quarta ideia é a perfeição absoluta, da qual vem a pergunta ou o entendimento da origem de valores como verdade, bondade e nobreza – Quem produziu ou criou isso no ser humano? Elas precisam ter origem em alguém que tenha essas características, que só pode ser Deus.

A quinta ideia de Aquino é a inteligência suprema. O mundo mostra que existe um arquiteto que coloca ordem nas coisas e está por trás de tudo. Todos os processos naturais estabelecidos revelam e seguem uma lógica. Precisa haver um arquiteto para isso, pois as coisas não nascem sozinhas. Logo, precisa ser Deus o arquiteto de tudo (McGrath, 1998).

Tomás de Aquino procurava mostrar que Deus é a primeira causa de tudo o que há, que podemos descobrir por meio da natureza.

O entendimento de Aquino era de que Deus é perfeito em si mesmo e nada pode mudá-lo, sendo assim, se não fosse Ele, não seria perfeito. Outro aspecto importante é que Deus também não é afetado pelas criaturas, pois continua sendo o mesmo antes e depois de ter criado o ser humano (Olson, 1999).

5.4.2 A doutrina da graça divina e da salvação

Um aspecto importante a ser considerado é que, naquela época, as ideias de mérito e recompensa eram enfatizadas de uma maneira mais forte que durante a época de Agostinho, pois, para muitos, a salvação estava mais ligada às ações de mérito do ser humano que à ideia de graça divina.

Uma ideia que deve ser lembrada é que a salvação não pode ser experimentada sem a graça sobrenatural, que é a ação divina que nos une com Deus (Olson, 1999).

Um entendimento apresentado por Tomás de Aquino é que a graça é a obra de Deus na vida dos humanos, conduzindo-os acima da natureza humana até o ponto em que se tornam participantes da natureza divina. Para ele, a imagem de Deus não foi destruída dentro do homem, então, essa imagem é a razão que ficou intacta mesmo com o pecado original. No entendimento dele, a queda destruiu a justiça do ser humano, e não a imagem de Deus.

Ele afirma que não podemos forçar a graça da salvação, pois é um presente dado por Deus e não pode ser meritória. Para Aquino, fé e fidelidade não podem ser vistas somente como uma decisão de seguir a Jesus, mas ser entendidas como um compromisso para a vida toda de obediência a Deus (Olson, 1999). Assim, a salvação envolve tanto justificação como santificação, ou seja, a justificação é o lado legal no qual somos declarados justos e absolvidos diante de Deus; já a santificação é o processo interno pelo qual nos tornamos mais parecidos com Cristo; desse modo, os dois são inseparáveis. O que deve ficar claro é que a justificação ocorre pela graça, mas também há a participação da vontade humana no arrependimento e quando colocamos a fé em Cristo.

Um aspecto importante a ser considerado é que sem a graça não podemos evitar o pecado, não podemos cumprir os mandamentos e não merecemos a vida eterna. Sendo assim, mesmo a nossa perseverança no caminho de Deus é fruto da graça e da misericórdia Dele para com o ser humano.

No entendimento de Aquino, a pessoa precisa participar dos sacramentos para se tornar justificada e santificada, então o ser humano precisa se esforçar para andar nos caminhos de Deus, exercendo desse modo o livre-arbítrio. Entretanto, o que deve ficar bem claro é o fato de que isso não quer dizer que haja salvação pelo esforço do ser humano, ou seja, por obras (Olson, 2001).

5.4.3 O entendimento de Tomás de Aquino sobre a Ceia do Senhor

Em meados dos anos 1250, foi firmando o entendimento dos sete sacramentos na Igreja Católica: batismo, confirmação, ceia do Senhor (eucaristia), penitência, extrema unção, ordenação e matrimônio. Para Aquino, "os sacramentos são como sinais físicos, destinados a proteger e realçar a vida do espírito. A vida corporal inicia com o nascimento e requer crescimento e nutrição. Assim também acontece com a vida espiritual: inicia com o novo nascimento no batismo, recebe força para crescimento na confirmação e nutrição na ceia do Senhor" (Hägglund, 1989, p. 164).

No Concílio Laterano IV, em 1215, antes de Aquino apresentar suas ideias, definiu-se que o corpo e o sangue estão verdadeiramente contidos nos sacramentos; desse modo, acontece a transubstanciação dos elementos pelo poder de Deus (Bromiley, 1978). Os sacramentos foram considerados portadores da graça que resultaria do sofrimento substitutivo de Cristo. São os meios para a comunicação da graça, que não é simplesmente simbólica, mas física.

A ceia era vista como o sacramento mais importante, pois estava intimamente ligada ao sacrifício de Cristo. Aquino interpretou a transubstanciação como significando que a substância do pão e do vinho é transformada, pela consagração, no corpo e no sangue de Cristo, entretanto, nem por causa dessa transformação os elementos perdiam as qualidades físicas.

Síntese

Neste capítulo, tratamos sobre a Idade Média, período compreendido entre os séculos V e XV, e discorremos sobre a ruptura entre a Igreja do Ocidente e a Igreja do Oriente, mostrando as questões que minaram essa relação ao longo da história. Também falamos sobre a escolástica, um método de ensino que foi utilizado nas universidades da Idade Média na Europa por mais de 400 anos aproximadamente. Falamos ainda sobre Tomás de Aquino, um personagem de extrema importância para a teologia, considerado o maior teólogo da Igreja Católica entre Agostinho e Karl Rahner, e seu entendimento sobre questões como a existência de Deus, a doutrina da graça divina e da salvação e a ceia do Senhor.

Atividades de autoavaliação

1. Indique se as afirmações a seguir são verdadeiras (V) ou falsas (F).

    Alguns acontecimentos da Idade Média são considerados importantes e podem nos auxiliar a estabelecer um marco para o início da Idade Moderna, uma vez que a definição do encerramento da Idade Média depende muito do referencial utilizado. Esses acontecimentos são:

    ( ) a viagem de Cristóvão Colombo às Américas, em 1492.
    ( ) a queda de Constantinopla, tomada pelos turcos, em 1453.
    ( ) a Reforma Protestante, que ocorreu 1517.
    ( ) o início do período da industrialização.

    Assinale a alternativa que corresponde à sequência correta:

    a) F, V, V, V.
    b) V, V, F, V.
    c) V, V, V, F.
    d) V, V, F, F.

2. Indique se as afirmações a seguir são verdadeiras (V) ou falsas (F).

    O termo *escolástica* vem de *schola* – escola – e é compreendido como o método de ensino utilizado nas universidades da Idade Média na Europa por aproximadamente 400 anos, do ano 1100 até por volta do ano de 1500. Sobre a escolástica, podemos afirmar:

    ( ) A escolástica firmou a razão como sendo o caminho para o conhecimento, mesmo na teologia. O lema da escolástica era "a fé em busca do entendimento".

( ) Para os escolásticos, havia a preocupação em encontrar o caminho correto entre a filosofia não cristã e a revelação de Deus.

( ) Os escolásticos procuravam dar uma justificativa racional para as crenças religiosas e faziam uma apresentação sistemática dessa fé.

( ) A escolástica teve origem nos mosteiros e nas universidades, como Paris e Oxford, que haviam surgido há pouco tempo naquela época.

Assinale a alternativa que corresponde à sequência correta:

a) V, F, V, V.
b) V, V, F, V.
c) V, V, V, V.
d) V, V, F, F.

3. Indique se as afirmações a seguir são verdadeiras (V) ou falsas (F).

No período da Ruptura, alguns dos entendimentos da Igreja do Ocidente eram:

( ) Salvação vista em termos jurídicos, absolvição ou condenação divina das almas.
( ) Não acreditava que o Espírito Santo procedia do Filho.
( ) O papa de Roma era o senhor absoluto.
( ) Celibato para todo o clero.

Assinale a alternativa que corresponde à sequência correta:

a) V, V, V, V.
b) V, V, F, V.
c) V, V, V, F.
d) V, V, F, F.

O pensamento teológico na Idade Média

4. Indique se as afirmações a seguir são verdadeiras (V) ou falsas (F).

No período de Grande Ruptura, a Igreja do Oriente tinha algumas ideias diferentes da Igreja do Ocidente. Quais eram elas?

( ) O Espírito Santo procede do Pai e do Filho.
( ) Celibato somente para o alto clero.
( ) Não admitia a existência do purgatório, do limbo ou das indulgências.
( ) A salvação era somente para os eleitos, aqueles que faziam parte dos 144 mil.

Assinale a alternativa que corresponde corretamente à sequência obtida:

a) V, V, V, V.
b) V, V, F, V.
c) V, V, V, F.
d) V, V, F, F.

5. Indique se as afirmações a seguir são verdadeiras (V) ou falsas (F).

Um dos grandes personagens da história do pensamento cristão foi Tomás de Aquino (1225-1274), extremamente importe para a teologia, em especial para o catolicismo, sendo que, para muitos, é considerando o maior teólogo da Igreja Católica entre Agostinho e Karl Rahner. Sobre ele, podemos afirmar:

( ) Nasceu no ano de 1225 na Itália e faleceu no dia 7 de março de 1274.

( ) Entrou na universidade e foi influenciado muito pela filosofia de Aristóteles – e não de Platão, como tantos outros antes dele. Na universidade, também conheceu a ordem dos dominicanos e se juntou a eles.

( ) Saiu da Itália, foi para a Alemanha e depois foi estudar em Paris. Lá, escreveu as grandes obras *Summa Theologica* (*Teologia sistemática*) e *Summa contra Gentiles*.

( ) Procurava mostrar que Deus é a primeira causa de tudo o que há, que podemos descobrir por meio da natureza.

Assinale a alternativa que corresponde à sequência correta:

a) V, V, V, V.
b) V, V, F, V.
c) V, V, V, F.
d) V, V, F, F.

Atividades de aprendizagem

Questões para reflexão

1. A Idade Média se refere a que período da história?

2. Mencione uma razão que levou ao rompimento da Igreja do Oriente com a Igreja do Ocidente.

3. O que foi o movimento escolástico?

4. Qual era o entendimento de Tomás de Aquino sobre a doutrina da graça divina e da salvação?

5. Qual era o entendimento de Tomás de Aquino sobre a existência de Deus.

Atividades aplicadas: prática

1. A Ruptura entre a Igreja do Oriente e a Igreja do Ocidente marcou muito a história do pensamento teológico. Enumere pelos menos três aspectos que conduziram a essa ruptura.

2. Apresente cinco diferenças entre a Igreja do Ocidente e a Igreja do Oriente.

capítulo seis

O pensamento teológico
e a Reforma

06

Neste capítulo, apresentaremos aspectos relevantes sobre a Reforma Protestante.

Primeiramente, trabalharemos os diferentes fatores que contribuíram para a Reforma e alguns personagens importantes nesse processo, como João Wycliffe e Erasmo de Roterdã.

Em segundo lugar, abordaremos Martinho Lutero e seus diferentes entendimentos sobre a cruz de Cristo Jesus, a justificação as Escrituras, a graça, o arrependimento e o perdão dos pecados, a Ceia do Senhor e o culto. Trataremos também de Ulrico Zuínglio e de João Calvino, bem como seus entendimentos acerca dos diferentes aspectos históricos.

6.1 Precursores da Reforma

A Reforma Protestante foi um acontecimento importante na história do cristianismo, entretanto, antes de a abordarmos, precisamos ressaltar alguns fatos e também alguns personagens que influenciaram, e muito, para que ela acontecesse.

6.1.1 Fatores que contribuíram para a Reforma

A Reforma Protestante ocorreu na Europa e, antes dela, algumas ocorrências se fizeram necessárias.

A cultura na Europa estava passando por várias mudanças, o nacionalismo estava crescendo, a peste bubônica estava dizimando a população e a igreja estava em decadência. O sonho de unificar a Europa sob a autoridade de Deus e do papa estava cada vez mais distante da realidade, pois havia um questionamento muito grande sobre o poder do papa.

O clero se tornou intocável e moralmente depravado, além de muito rico e corrupto, sendo a imoralidade muito conhecida. Essa corrupção demorou um pouco mais a chegar aos mosteiros, mas também atingiu esse grupo. Sobre esse assunto, é necessário tomarmos o cuidado para não generalizar, afirmando que todos são corruptos dentro da igreja (Nichols, 1960).

No ano de 1294, o papa Bonifácio VIII quis dominar toda a Europa, dizendo que os governantes seculares deveriam obedecer à igreja. Entretanto, ele teve alguns opositores, entre os quais estavam o rei da Inglaterra e o rei da França, que não o aceitavam e tinham o povo ao seu lado e muito poder. O parlamento da Inglaterra decidiu que o clero não seria mais submisso ao papa.

Na França, o rei Filipe IV proibiu a saída de qualquer dinheiro do país, e começaram algumas retaliações ao papa, que condenou um bispo francês por traição e também acabou desafiando o rei da França com uma bula que declarava que "a sujeição ao pontífice romano é absolutamente necessária à salvação de cada ser humano" (Clouse; Pierard; Yamauchi, 2003, p. 213). O papa excomungou o rei da França, mas este mandou o seu exército e acabou prendendo o papa, que, perdendo o poder, ficou desmoralizado.

Com esses acontecimentos, o rei da França tinha direitos sobre o papa e um papa francês foi eleito: Clemente V, cujas políticas favoreceram a França, transferindo a sede do papa para Avignon, na França, ficando ali aproximadamente 68 anos.

Depois de algum tempo, um dos papas (Gregório XII) voltou para Roma, mas faleceu um ano depois – os romanos queriam manter o papado a todo custo. Houve então ameaças das multidões e, por isso, foi escolhido um papa italiano, Urbano VI, mas este teve um papado desastroso, a ponto de a eleição ser declarada inválida.

Por mais de 30 anos houve dois papas simultâneos. Cada nação aderia ao papa que melhor defendia os seus interesses, o que gerou aumento da arrecadação para a igreja. Todos sabiam que essa situação precisava acabar, mas somente um papa poderia convocar o concílio geral. Como nenhum dos dois queria fazê-lo, estudiosos da Universidade de Paris chegaram à conclusão de que o concílio geral tinha autoridade superior ao papa. Assim, convocaram um concílio em Pisa (1409), no qual instituiu-se um terceiro papa (Alexandre V), já que os dois não concordaram em renunciar. Depois de alguns anos, houve outro concílio (Constance 1414 e 1418), no qual os três foram forçados a entregar o cargo e foi escolhido o papa Martinho V.

O Renascimento também ganhou força durante essa época, um período histórico na Europa que durou do fim do século XIV até o século XVII. Entre os intelectuais, havia o objetivo de se livrar do cabresto da igreja e ter mais liberdade e criatividade. O interesse pela arte e pela ciência crescia cada vez mais.

6.1.2 João Wycliffe (1330-1384)

Nasceu na Inglaterra tinha e a ideia de que a igreja deveria ser governada pelos representantes do povo de Deus, e não pela hierarquia da igreja, ou seja, aqueles que muitas vezes só almejavam o poder.

Para ele, a igreja precisava ser reformada, pois afirmou algumas vezes que o papa era o anticristo. Um dos seus ataques foi direcionado às indulgências da igreja e à transubstanciação. Um aspecto importante a ser considerado era que Wycliffe tinha a proteção da família real; entretanto, esse apoio não foi para sempre, pois em dado momento ele tomou partido dos camponeses.

Segundo George (1994, p. 38), Wycliffe não era muito suave em suas críticas à igreja: "Ele denunciou os sacerdotes de ladrões, raposas malignas, glutões, demônios, macacos e os curas de rebentos estranhos, não arraigados à vinha da igreja. O papa era o vigário principal do demônio, e os mosteiros, antros de ladrões, ninhos de serpentes, lares de demônios vivos".

Ele defendia os pensamentos de Agostinho e de Tomás de Aquino sobre a predestinação. Wycliffe começou a considerar que a igreja verdadeira são os predestinados e o papa deveria ser o líder dos predestinados para poder ser o vigário de Cristo. No entanto, quando quer reinar, acaba se tornando o anticristo, sendo que o papa vem em poder, e não em humildade, e assim se torna um herege permanente.

Com todas essas ideias, estava presente o descontentamento com a religião atrelada ao Estado. Discutia-se como a igreja deveria funcionar, já que a lei da igreja e da sociedade como um todo deveria ser diferente. Para ele, a igreja deveria ser pobre para não poder controlar a economia nem a política.

6.1.3 Erasmo de Roterdã (1466-1536)

Desidério Erasmo nasceu na Holanda, em 28 de outubro de 1466, e faleceu no dia 12 de julho de 1536. Foi um humanista e filósofo que tinha amplo domínio dos mais diversos assuntos ligados ao conhecimento humano. Como era uma pessoa com habilidades intelectuais muito fortes, sempre era convocado para opinar sobre o assunto da Reforma. Em muitos aspectos, concordava com Lutero, mas o achava um pouco radical. Nunca se posicionou oficialmente, pois para ele o papa e Lutero poderiam conviver em harmonia. Ele queria ver a igreja unida e reformada.

Erasmo era um reformador; Lutero, um revolucionário. Erasmo tentou fazer algumas mudanças, mas ele não chegou a abordar questões delicadas da teologia da igreja naquele momento histórico. Já Lutero era mais radical e desejava mudanças mais profundas.

Na época dos reformadores, a igreja oficialmente era antipelagiana, mas, na prática, ensinava a salvação pelo mérito. A fé significava fidelidade para com as práticas da igreja oficial, sendo que as obras eram vistas como pagamento das indulgências – pagar pelas missas, pelas romarias, pelas penitências, dar esmolas para os pobres, participar dos sacramentos, além da oração e da meditação, que contribuíam para a salvação.

Algo que se destacava era que a autoridade que vinha da Bíblia e da tradição era controlada pelo papa. Mas, na prática, a tradição tinha maior força que a Bíblia. Um aspecto importante é que, com a busca pelas fontes originais da Bíblia, a ideia do seu estudo começou a ganhar força entre grupos de pessoas (Tillich, 1988).

6.2 Martinho Lutero (1483-1546)

Martinho Lutero foi um personagem de grande relevância na história do cristianismo, pois suas contribuições foram marcantes e pontuais para que houvesse uma mudança na maneira de enxergar alguns pontos relevantes no pensamento teológico.

Crédito: André Müller

Nasceu em Eisleben, na Alemanha, no dia 10 de novembro de 1483. O pai queria que ele se tornasse advogado e Lutero resolveu atender a esse pedido, mas, depois de formado, decidiu que iria para um monastério. Queria encontrar o Deus da graça, mas somente encontrava o juiz. Buscava a certeza da salvação, mas esta fugia dele. Nenhuma quantidade de exercícios espirituais era suficiente para acalmar sua consciência atribulada. A ansiedade que ele tinha era gerada por três diferentes tipos de medo.

O primeiro era o medo das doenças e da morte; o segundo, da culpa e da condenação e das respostas inadequadas da igreja a esses terrores que produziam uma ansiedade moral; o terceiro era o medo de que a vida não tivesse sentido nem propósito, gerando uma profunda ansiedade existencial.

> No século XVI e durante o fim da Idade Média existia uma obsessão mórbida pela morte. O prospecto de punição no fogo do purgatório e do

> *inferno aumentava o sentimento de culpa e de condenação das pessoas. O medo da anarquia e do caos aliado ao temor de um apocalipse iminente, levantavam inúmeras questões sobre o sentido e o propósito da vida. A resposta da teologia a esses terrores era simples: esforce-se ao máximo e espere pelo melhor. A libertação das ansiedades dessa era não vinha primariamente por Cristo, mas pelos esforços da própria pessoa. Mas o quanto isso seria suficiente?* (Shaw, 2004, p. 21)

Em 1510, Lutero passou a ser um grande estudioso da Bíblia. Esforçou-se tanto que se tornou professor de Bíblia em Wittenberg, na Alemanha.

No ano de 1511, teve a oportunidade de ir a Roma e, quando lá chegou, encontrou corrupção e imoralidade, questões que o entristeceram muito, pois se decepcionou extremamente com os líderes religiosos.

Após o término dos estudos do doutorado em teologia, Lutero começou a ensinar na mesma cidade. Durante os estudos, principalmente do livro de Romanos, ele teve diversas crises relacionadas com a graça de Deus. Isso ocorreu entre 1514 e 1516.

Conforme Shaw (2004, p. 23):

> *Para um monge esgotado espiritualmente, que vivia em uma época contaminada pela ansiedade mal resolvida, a verdade da justificação pela fé parecia ser uma cura milagrosa. Lutero escreveu que, quando entendeu que a justiça de Cristo é imputada (transferida) sobre nós, os "portões do paraíso" pareciam se abrir diante de seus olhos.* (Shaw, 2004, p. 23)

De acordo com o autor citado, é importante percebermos que, para Lutero, que estava com a alma ferida e com muita aflição sobre a vida, a cura era a graça e a misericórdia divinas.

Essa graça divina que atingiu Lutero e abriu seus olhos é algo com que todo ser humano precisa ser atingido, ou seja, todos nós precisamos deixar que ela nos alcance.

Lutero lutava com a questão do mérito, pois não sabia quando teria feito o suficiente para ser aceito por Deus. Seu confessor o estimulou a contemplar o Cristo crucificado (místicos) (Hägglund, 1989). Um momento decisivo foi quando descobriu, em Romanos, que a justiça de Deus é dada gratuitamente e não se baseia no mérito. No ano de 1517, um vendedor de indulgências apareceu na cidade de Lutero. Após ver que o reino de Deus estava sendo comercializado, foi impulsionado a escrever as 95 teses que são consideradas o início da Reforma.

As teses escritas por Lutero abordam especialmente a questão das indulgências e do perdão concedido pelo papa. Na Igreja Católica da época, o perdão envolvia as penitências, e esse foi o ponto principal que motivou Lutero a romper com a igreja – se bem que o objetivo dele era reformar a igreja, não dividi-la.

A venda de indulgências provavelmente se iniciou como uma gratidão do pecador pelo perdão dos pecados. Naqueles dias, o motivo da venda das indulgências, vendidas principalmente para o povo, era comprar o perdão.

Um aspecto a ser considerado é que a arrecadação desse dinheiro foi uma maneira utilizada para levantar dinheiro para construir a Basílica de São Pedro, em Roma (McGrath, 1998).

O debate entre Lutero e os líderes religiosos durou alguns anos, até ele ser excomungado, em 1520, depois que se recusou a se retratar. Foi considerado fora da lei, mas protegido por Frederico, o sábio da Saxônia (Alemanha). Lutero ficou escondido até 1521, quando pôde sair do esconderijo com segurança. Durante a sua ausência, outro professor de Wittenberg tentou montar um programa de Reforma da igreja, mas isso somente levou ao caos. Lutero então ficou convencido de que, se a Reforma fosse continuar, ele deveria sair do esconderijo e voltar à ativa.

Com relação às indulgências, a ideia era: "cada moeda que retine é uma alma que do purgatório se redime" (Clouse; Pierard; Yamauchi, 2003, p. 235). As penas do purgatório seriam totalmente apagadas; apesar de a contribuição ser ínfima diante do perdão, deveria haver confissão juntamente com a oferta definida em valores de acordo com a posição social da pessoa.

Lutero redigiu as 95 teses como base para uma disputa acadêmica, em reação aos exageros na venda de indulgências, que davam a impressão de que não somente as culpas dos pecados, inclusive os mais graves, poderiam ser remidas, mas que seus benefícios poderiam ser aplicados a pessoas que já morreram e estavam no purgatório. Lutero reagiu a isso porque parecia que o perdão poderia ser comprado, o que substituiria o arrependimento sincero.

As teses apresentam no início que o "arrependimento verdadeiro envolve a totalidade da pessoa em direção a Deus, e não simplesmente o desejo de fugir do castigo". Somente Deus pode expiar a culpa. O papa não tem poder sobre o purgatório (a penitência teria o seu valor antes da morte, e não depois dela). O perdão é adquirido sem indulgências, pois estas mostram que o interesse está no dinheiro, e não na alma da pessoa (Heinze, 1990).

As teses foram escritas em latim, mas logo traduzidas para o alemão e distribuídas entre o povo.

6.2.1 O entendimento de Lutero sobre as Escrituras

Para Lutero, a Bíblia é o único fundamento da igreja e a tradição precisa ocupar o segundo lugar; entretanto, para muitos da época, era o contrário.

O que podemos observar é que o contexto mudou, mas a Bíblia não. Por isso, cada época precisa ter um novo entendimento das Escrituras para responder às perguntas de sua geração e saber aplicar os princípios dentro do seu contexto, sem nunca se desviar da verdade.

É importante que seja mantido esse princípio, mas cada geração precisa redescobrir o significado das verdades bíblicas para o próprio momento histórico.

O que precisa ser compreendido é que a Bíblia é autoridade absoluta, mesmo quando diverge da tradição. A visão que se tinha era de que a Bíblia era um livro da lei que precisava ser interpretado pela igreja; entretanto, para Lutero, a igreja não poderia ser o juiz sobre o significado da Escritura, pois esta é a Palavra de Deus. A ideia de Lutero não era de remover a tradição, mas colocar a Bíblia como autoridade sobre a tradição. Por isso, foi questionado pelos anabatistas, que eram mais radicais, pois, para eles, as tradições deveriam ser removidas totalmente para voltar somente à Palavra de Deus. Ele escreveu sobre a tradição e a Igreja Católica:

> Tudo isso é tolice... Nós, da nossa parte, confessamos que há muitos que são cristãos e bons debaixo do papado; de fato, tudo que é cristão e bom deve ser achado lá e veio a nós dessa fonte. Por exemplo, nós confessamos que na igreja papal existem as Santas Escrituras, o verdadeiro batismo, o verdadeiro sacramento do altar, as verdadeiras chaves para o perdão de pecados, o verdadeiro ofício do ministério, o verdadeiro catecismo na forma da Oração do Senhor, dos Dez Mandamentos e dos artigos do Credo... Eu sustento que no papado há verdadeiro cristianismo, até mesmo o gênero correto de cristianismo, e muitos grandes e devotados santos. (González, 2004c, p. 62)

Lutero entendia que não era possível continuar da maneira como as coisas estavam. Sua indignação era tanta que, em dado momento, ele chamou o papa de *anticristo*. No entendimento de Lutero:

> *Cristo é o centro da Bíblia. "A Escritura deve ser entendida a favor de Cristo, não contra ele; sim, se não se refere a ele não é verdadeira Escritura". "Tire-se Cristo da Bíblia e que mais se encontrará nela?". Para se compreender a Palavra o essencial é aceitar as promessas do evangelho pela fé. Faltando essa fé, a palavra divina não pode ser entendida corretamente.* (Hägglund, 1989, p. 187)

Para a Bíblia ser interpretada por si mesma, o contexto total dela deve ser considerado, e isso acabou desafiando as interpretações católicas. Não há livro mais claramente escrito que a Bíblia, que precisa ser interpretada pela própria Bíblia (Grant; Tracy, 1984).

A fé vem pela Palavra de Deus, nós não podemos produzi-la. A partir daquele momento, a Palavra passou a ter importância grande nos cultos. A fé é a base para interpretar a Bíblia. A pregação cria a fé, que, por sua vez, cria o entendimento.

Lutero também tinha lugar para a um elemento subjetivo na interpretação da Bíblia: a experiência. O mais importante era o conteúdo religioso da Bíblia; a mensagem era objeto de experiência (Tillich, 1988). A iluminação do Espírito Santo guia o cristão quando este usa a experiência para interpretar a Bíblia, o que possibilita ver o que o texto ensina sobre Jesus. Para ele, descobrir a graça de Cristo foi tão forte que via esse assunto em todos os detalhes da Bíblia.

O Espírito Santo dará entendimento para aquele que está procurando pelo significado cristocêntrico. Precisamos entender a Palavra e depois ouvir Deus dizer que essa é a sua Palavra. Precisamos entender o cerne da Palavra e depois senti-la no coração: "A educação na fé, juntamente com a experiência que é dada quando se aplica a fé quando se passa por tribulações de vários tipos, é necessária para uma genuína percepção da Palavra" (Hägglund,

1989, p. 189). Lutero tinha uma percepção importante, que devemos observar e praticar em nosso cotidiano: "Assim, as Escrituras Sagradas lembram-nos de que tudo na vida é vivido na presença de Deus. Elas são o testemunho inspirado da perfeita revelação de Deus em Jesus Cristo, e o manual diário do cristão em suas lutas e vitórias da fé" (George, 1994, p. 87). Ele apresenta as Escrituras como o manual de vida do cristão, aspecto que precisa ser refletido nos dias atuais, pois pouco se lê a Bíblia em nossa sociedade.

6.2.2 O entendimento de Lutero sobre a justificação

Naquele momento histórico, entendia-se que a certeza de salvação era dada por Deus para as pessoas por meio de uma revelação especial. Mas as pessoas não deveriam pedir por essa revelação, elas precisavam participar regularmente dos sacramentos e não cometer pecados mortais. Mas mesmo assim não havia uma clareza sobre isso.

A justificação do homem dependia da justiça encontrada na pessoa, que era demonstrada pelas boas obras. Para pessoas que lutavam para ter a certeza de salvação, dizia-se que deveriam confiar em Deus (Lohse, 1972).

Entretanto, isso gerava em muitos e também em Lutero uma agonia terrível. O termo *justificação*, na época, significava: "se tornar justo aos olhos de Deus".

Para Lutero, o ser humano pecador não pode se tornar justo internamente sozinho. A morte de Cristo possibilita essa justificação, desse modo, não pode ser mérito humano. "Deus declara o pecador justo por causa de Cristo. Essa justificação ocorre quando o homem se humilha perante Deus, reconhece que é pecador e clama por misericórdia e graça de Deus. Tal homem confessa que está cheio de pecado... enquanto que Deus é tudo o que é bom" (Hägglund, 1989, p. 192). Com esse entendimento, o pecado afastou o homem de Deus e, por meio de Cristo Jesus, era possível haver essa reconciliação. A justificação, para Lutero, acontecia mediante a fé em Cristo. Para ele, essa doutrina era a mais importante de toda a Bíblia. Precisamos ver isso em contraste com a doutrina católica, que ensinava que a justificação era um processo no qual a pessoa se tornava justa internamente tendo a graça de Deus implantada através dos sacramentos. Somente quando o pecador é transformado de tal forma a não ser um pecador é que Deus o justifica totalmente.

A visão católica medieval conectava a justificação como sendo o fim de um processo gradual que se inicia com o batismo, continua por toda a vida e chega ao auge na próxima vida.

Lutero se opôs fortemente a essa visão. Ele afirmava que a justificação ocorre quando Deus perdoa livremente os pecadores e imputa a justiça de Cristo sobre eles. Assim, a justificação é oferta livre de Deus, dada por Deus à parte do mérito humano e também à parte dos seres humanos se tornarem justos. De acordo com Lutero, era essa justificação que conduziria a pessoa à realização das boas obras, mas o foco não estava sobre os frutos da justiça, pelo medo de que uma atenção sobre esse elemento pudesse trazer de volta a justificação pelas obras, que para ele tinha detonado o evangelho. Lutero acreditava que a fé é a confiança na misericórdia de Deus em virtude daquilo que Jesus Cristo fez pelo ser humano. Fé "não é apenas um conjunto de conhecimentos; é um poder vivo: 'Que torna Cristo ativo em nós, opondo-se à morte, ao pecado e à lei'" (Hägglund, 1989, p. 193).

Na compreensão dele, o pecado e a justificação convivem no ser humano, pois todos nós somos pecadores do lado de dentro e justos do lado de fora, aos olhos de Deus. Em nossa perspectiva, somos pecadores, mas, na perspectiva de Deus, somos justos. Lutero também dizia que a justiça cresce dentro de nós com o amadurecimento, mas não precisamos ser perfeitos para sermos cristãos. O pecado significa que ainda estamos caminhando e que precisamos confiar essa parte também a Deus (McGrath, 1998).

Lutero foi acusado de ensinar uma graça que eventualmente afastaria as pessoas da santificação, uma graça barata. Ele se defendeu, explicando que as obras necessariamente seguiriam os que fossem justificados, ou seja, somente uma pessoa justificada poderia realizar obras justas. A justificação de Deus precede a justiça dos homens, que precisa se mostrar em obras. Ele diferenciava as obras da lei e as obras da fé. Obras da lei seriam aquelas que fazemos fora da fé e da graça, para cumprir a obrigação da lei, por causa do medo ou do benefício da recompensa. Deus não aceita a pessoa por causa das obras, mas aceita as obras por causa da pessoa. Logo, a justificação não exige obras, mas uma fé viva que produza as boas obras.

6.2.3 O entendimento de Lutero sobre a cruz de Cristo Jesus

Para Lutero, a maneira correta de entender Deus é olhar para a cruz, pois por meio dela somos confrontados de duas maneiras:

1. Primeiramente, precisamos aceitar e compreender que somos inimigos de Deus e Dele estamos afastados por causa de nossos pecados.
2. Um segundo aspecto importante a ser considerado é o fato de que Deus ama os inimigos em Cristo.

É necessário que conheçamos a Deus pela fraqueza e a loucura da cruz que nos humilha e nos revela quem somos, porque foi por razão da nossa fraqueza, da nossa loucura e também pela nossa vergonha que Deus carregou sobre si nossos pecados até a cruz.

Deus na cruz se torna um retrato apropriado da humanidade como ela verdadeiramente é: fraca, impotente diante da morte, mas ainda sob o julgamento da morte. Conhecer a Deus pela cruz é conhecer o nosso pecado e aceitar o amor redentor Dele a nosso favor. Como todos nós somos pecadores, ninguém tem o direito de adorar os atributos de Deus como santidade, infinitude e soberania até que nos quebrantemos e nos arrependamos diante do amor Dele, que custou tão caro quando foi proclamado na cruz. A adoração ou a pregação que faz as pessoas se sentirem bem consigo mesmas ou satisfeitas com palavras e pensamentos arrogantes sobre Deus é uma adoração da glória que condena nossa alma e nos separa de Deus. Mas a adoração e a pregação que consideram em primeiro lugar o paradoxo da derrota aparente do Rei dos reis na Sexta-feira Santa serão ressuscitadas para ter uma nova vida pascal (Shaw, 2004).

O ser humano jamais compreenderá Deus e o amor Dele, pois nossa limitação e insignificância nos afastam do Criador. Um entendimento interessante pode ser percebido nas palavras de Shaw (2004, p. 31-32):

> *A teologia da cruz deveria mudar o nosso modo de ver a salvação. Se desejamos que nossas igrejas abriguem corridas pela superioridade moral e espiritual, podemos silenciar a teologia da cruz enquanto tentamos subir a escada da justiça própria. Todavia, se queremos encher nossas igrejas de pessoas que brilhem com a glória, gratidão e confiança inabalável no amor e na aceitação por parte de Deus, devemos ensinar essa teologia da cruz e a estranha maneira de Deus fazer pecadores quebrantados se tornarem santos completos.*

Desde aquela época, muitos pensam que por meio de atos ou obras irão se aproximar de Deus, mas essa aproximação só será possível pela cruz de Cristo. "O padrão da cruz se torna o padrão de toda a minha jornada cristã" (Shaw, 2004, p. 34).

A compreensão de Lutero sobre a teologia da cruz influenciou de modo marcante a vida dele, ao ponto em que chegou a afirmar que "somente a cruz é a nossa teologia". Com isso, afirmava que toda a maneira de ver a doutrina deve ser influenciada por isso. "A cruz nos diz que a revelação do próprio Deus como Criador, Sustentador e Juiz deve ser entendida de uma nova maneira por causa da obra realizada da cruz... mas na cruz ele se mostra aparentemente fraco, contradizendo, assim, toda nossa teologia" (Shaw, 2004, p. 35).

Lutero entendia que o ser humano só poderia se aproximar de Deus por meio da cruz, sendo que ela revela a grandeza do amor de Deus para com o ser humano. Sendo assim, jamais poderemos nos aproximar de Deus pelas obras, mas precisamos reconhecer que sem a cruz de Cristo não seremos justificados. Na cruz, Deus manifestou seu grande amor pela humanidade.

6.2.4 O entendimento de Lutero sobre o arrependimento e o perdão dos pecados

A partir do momento em que o ser humano pensar que pode se aproximar de Deus por meio das obras, com maior dificuldade entenderá que será necessário o verdadeiro arrependimento para que possa haver o perdão dos pecados.

É importante observarmos que o arrependimento não é uma ação penitencial temporária, mas uma conversão para a vida inteira, na qual morre o velho homem e a nova vida vem pela participação na nova vida. O que importava era o arrependimento sincero, que mostraria como estava o relacionamento com Deus, e não simplesmente o cumprimento de algumas ações para pagar pelo pecado. Assim, o ser humano estava livre para confessar o pecado a Deus e não precisava da intermediação de um sacerdote.

Na época, havia uma bula papal que afirmava: "Portanto, declaramos, pronunciamos e definimos que é universalmente necessário para a salvação de todas a criaturas humanas a sujeição ao sumo sacerdote romano" (Tillich, 1988, p. 214-215).

De acordo com esse documento, para a salvação do ser humano é necessária a sujeição das ordens papais, deixando o arrependimento e a confissão dos pecados como algo secundário.

O pecado não é caracterizado somente por ações isoladas, mas por toda uma natureza corrompida que só se reconhece quando a Palavra é pregada. Lutero deu importância para a confissão privada, mas afirmava que a absolvição é privilégio de todo cristão para confortar aquele que reconhece seu estado pecaminoso. É importante percebermos que:

> *O perdão dos pecados, ou aceitação, não se restringe apenas ao batismo realizado no passado, mas constantemente é necessário. O arrependimento manifesta-se em todas as relações com Deus e em todos os momentos. Os elementos mágicos e legalistas desaparecem porque graça é comunhão pessoal de Deus com o pecador. Não há qualquer possibilidade de mérito; apenas a necessidade de aceitação.* (Tillich, 1988, p. 211)

O que precisa ficar claro é que o perdão vem pelos méritos de Cristo, e não pelo grau de contrição da pessoa ou pela penitência imposta. Desse modo, a confissão deve ser algo que nasce na alma. "À medida em que o homem se confessa totalmente como estando em débito com Deus, ele estará dando razão a Deus. Simultaneamente, porém, a confissão é um autêntico louvor a Deus: 'Não podemos louvar a Deus de maneira melhor do que através da confissão de nossos pecados'" (Lohse, 1972, p. 76).

Quando Lutero percebeu que a igreja impunha a prática da penitência, distanciou-se dela. O arrependimento era inspirado pela ameaça do castigo e o sacerdote determinava a penitência a ser executada, a qual normalmente era impossível de ser executada – e aí entravam as indulgências e, desse modo, as pessoas pagavam pelo perdão.

6.2.5 O entendimento de Lutero sobre a igreja

Para Lutero, a igreja tinha um papel fundamental na vida do crente: "Ele fala da Igreja Mãe e afirma que a ela é uma verdadeira governante e a noiva de Cristo com muitos filhos" (González, 2004c, p. 61).

Podemos perceber alguns pontos relevantes nessa afirmação. Em primeiro lugar, que a igreja é uma governante, ou seja, é aquela que cuida dos seus e não os abandona. Esta é uma das tarefas da igreja aqui na Terra: cuidar daqueles que dela fazem parte e zelar por eles. Um segundo aspecto a ser considerado é o fato que a igreja é a noiva de Cristo, ou seja, ela existe para Cristo e somente por meio Dele a igreja pôde existir.

É importante observar que existem dois entendimentos sobre a igreja, que não se opõem, mas se complementam: há a igreja invisível e a visível.

A igreja invisível é a comunhão dos santos, aqueles sobre a terra que têm uma fé comum em Cristo e uma mesma esperança. Não é uma organização governada pelo papa, mas uma união de fiéis produzida pelo Espírito Santo.

Um aspecto importante é o fato de que ninguém pode ver quem tem verdadeira fé (Hägglund, 1989). Sendo assim, é uma igreja oculta, contendo ao mesmo tempo pecadores e santos, hipócritas e cristãos devotos, joio e trigo. A pureza da igreja depende de Cristo, e não das pessoas.

O segundo entendimento é sobre a igreja visível, vista como uma assembleia visível de pessoas, com regulamentos específicos, cargos, ministérios e costumes.

Para Lutero, existe essa distinção entre igreja interna e externa, mas, na prática, elas devem estar unidas ao máximo. Para ele, a verdadeira igreja deveria praticar o batismo, a ceia e, acima de tudo, a proclamação da Palavra. "A igreja consiste de comunhão dos santos, mas é formada pela Palavra e pelos sacramentos. É através destes meios que o Espírito Santo opera e reúne os cristãos no mundo todo" (Hägglund, 1989, p. 208).

Somente Cristo é o líder da igreja, e não o papa ou os concílios, pois todos são falíveis e sem distinção entre clero e leigos. A partir do crescimento da igreja, começou-se a diferenciar o clero dos leigos, pois as lideranças acharam que o jugo de Cristo era pesado demais para as pessoas comuns. Havia certas normas que só pertenciam ao clero e Lutero lutou contra esse tipo de conceito. "A exigência divina é absoluta e incondicional. É para todos" (Tillich, 1988, p. 215). Nesse ponto, entra o sacerdócio universal dos crentes.

Naquele momento histórico, havia uma separação do Estado e ao mesmo tempo uma união. O Estado estava sobre a igreja e frequentemente os magistrados se tornavam árbitros das questões dentro da igreja. Para Lutero, Deus estabelecera dois reinos: o espiritual, governado pela palavra, e o mundano, que opera por meio da espada para forçar as pessoas a serem boas para este mundo ao menos, o que criou um pouco de dificuldade para os cristãos que participavam dos dois reinos (George, 1994).

No entendimento dos reformadores tradicionais, eles deveriam lutar entre os dois extremos com relação aos conceitos da igreja. A Igreja Católica julgava possuir a tradição e a sucessão apostólica (igreja visível); os radicais afirmavam que a igreja verdadeira está no Céu, que nenhuma instituição sobre a terra poderia se nomear como "a igreja de Deus". A afirmação dos radicais era de que a igreja se corrompera por causa de sua união com o Estado.

6.2.6 O entendimento de Lutero sobre o batismo

Lutero, assim como os outros reformadores, somente considerava dois sacramentos como sendo instituídos pela Bíblia. O fundamental no sacramento é a presença da Palavra unida ao sinal. Lutero rejeitou a eficácia do sinal por si só *(ex opere operato)*, porque a eficácia está na Palavra divina, e não na ação humana. Para ele, os sacramentos eram as "palavras visíveis" de Deus, destinadas a complementar a Palavra de Deus legível e audível, e não competir com ela (George, 1994).

Ele afirmava que a fé sozinha, mesmo sem os sacramentos, era suficiente para a salvação: "Você pode crer mesmo sem ser batizado, porque o batismo não é nada mais do que um sinal externo que nos faz lembrar da promessa divina" (George, 1994, p. 93). Para Lutero, o sacramento é um sinal visível da intenção divina e devemos nos apegar a eles com uma fé sólida.

O batismo é a participação do crente na morte e na ressurreição de Cristo. O morrer para o pecado precisa ser diário (Hägglund, 1989).

Os elementos importantes são a água e a Palavra, sendo que a água em si não tem poder, mas a água unida com a Palavra é poderosa. A ação externa é obra de Deus, e não dos homens.

O sacramento exige fé. Desse modo, "o batismo é a representação litúrgica da doutrina da justificação somente pela fé" (George, 1994, p. 94). Os anabatistas discordavam, afirmando que a criança não pode ter fé, que não se poderia provar que a criança tinha fé.

Fé seria simplesmente confiança, que era um presente de Deus. Além disso, para mudar uma tradição teria que ser provado que era antibíblico. O batismo infantil foi considerado uma prática muito antiga que deveria ser mantida, por não haver boas razões para eliminá-lo. Para Lutero, o batismo infantil era visto como o sinal visível da imerecida justificação pela graça de Deus. Por meio do batismo, Deus toma os pecados da pessoa e os troca pela justiça de Cristo (Olson, 1999). Outra ideia que apoiava o argumento de que a criança pode ser batizada sem fé era de que os padrinhos precisam ter fé.

O entendimento era de que o batismo, quando realizado com fé e recebido em fé, justifica o pecador por meio da Palavra de Deus, que está misteriosamente unida com a água.

Mesmo que não pregasse isso publicamente, temendo que as pessoas deixassem de batizar as crianças, Lutero acreditava na salvação das crianças não nascidas e não batizadas. Ele rejeitava a ideia da Idade Média de que essas crianças iriam para o limbo (George, 1994).

6.2.7 O entendimento de Lutero sobre a Ceia

Com relação à Ceia, Lutero incentivava a participação frequente, mas não para manter a justificação da pessoa, ou seja, se a pessoa não participasse da Ceia, não deixaria de ser justificada diante de Deus. Mas aqueles que rejeitavam o batismo e voluntariamente negligenciavam a Ceia perderiam a comunhão com Deus.

> *Nenhum sacramento é eficaz por si mesmo sem a plena participação de quem o recebe, isto é, sem ouvir a palavra relacionada com o*

sacramento, e sem a fé que o aceita. Os sacramentos enquanto tal nada valem. E assim Lutero destrói o lado mágico do pensamento sacramental.
(Tillich, 1988, p. 217)

Lutero se posicionou atacando a prática católica em alguns aspectos, como: a doutrina da transubstanciação, que era a transformação física do corpo de Cristo no momento da ceia; a renovação do sacrifício de Cristo na missa, realizado para a expiação dos pecados. Essa doutrina teve certo desenvolvimento com Lutero. Inicialmente, distinguia o sinal, o significado e a fé; depois, passou simplesmente para o sinal e o significado da Palavra, mas a pessoa deveria ter fé.

Para Lutero o importante são os elementos e a Palavra. A Palavra torna esse ritual um sacramento. Lutero mantinha a ideia de que o sacramento, quando realizado com fé, efetiva a justificação no participante. Por outro lado, quando indagado seriamente, afirmou que a pessoa poderia ser justificada totalmente sem os sacramentos, e que crianças que não foram batizadas não ficariam necessariamente fora do Céu.

A transubstanciação na Ceia foi rejeitada por Lutero, mas manteve a presença real de Cristo nos elementos. Isso mais tarde foi chamado de *consubstanciação*. Nela, os elementos físicos e o corpo glorificado de Cristo se unem para alimentar a alma piedosa na refeição sacramental (Olson, 1999).

Lutero insistia que a Ceia deveria ser celebrada todos os domingos e em outras ocasiões nas quais houvesse pessoas que gostariam de recebê-la (Hägglund, 1989).

6.2.8 O entendimento de Lutero sobre a graça

A graça divina só pode ser compreendida após o momento em que tivermos o real entendimento da situação do ser humano em razão do seu pecado.

O pecado original que toma conta de todo o ser humano é visto como corrupção total.

Lutero se refere sempre ao ser humano como um todo, sendo que o pecado não consiste em atos isolados, mas uma "estrutura demoníaca, com seu poder compulsório sobre as pessoas, capaz apenas de ser vencido pela estrutura da graça" (Tillich, 1988, p. 225). O homem é corrupto em sua totalidade.

Quando ocorre a justificação, o homem é totalmente justificado – totalmente justo e, ao mesmo tempo, totalmente pecador. Ele é, ao mesmo tempo, velho homem e novo homem.

A graça seria o amor ativo de Deus para a salvação do homem, o que não transforma o homem em uma pessoa melhor. É Deus operando para salvar a pessoa sem a participação humana (Hägglund, 1989).

É importante salientar que a graça é algo divino, mas cabe ao ser humano responder positivamente à graça de Deus, aceitando-a; pois, se rejeitarmos a graça divina, pouco ela terá validade para aquele que não a aceita. O remédio tem eficácia, mas ficar somente contemplando-o sem ingeri-lo de nada vale.

6.2.9 O entendimento de Lutero sobre o culto

Lutero recuperou a doutrina paulina da proclamação: "a fé vem pelo ouvir, o ouvir pela Palavra de Deus. Mas como ouvirão sem um pregador?" (Romano, 10: 17). Ele não inventou a pregação, mas elevou-a a um novo patamar dentro do culto cristão, pois considerou significativo o fato de que mesmo o povo comum falava de ir à igreja para ouvir a missa, não para vê-la, e isso gerava o sentimento de participação, e não de expectador.

O sermão era a melhor e mais necessária parte da missa. Lutero investiu nele uma qualidade quase sacramental, tornando-o o núcleo da liturgia. "Ouvir a missa não é nada mais do que ouvir a Palavra de Deus e, desse modo, servir a Deus" (George, 1994, p. 92). O culto protestante centrava-se ao redor do púlpito e da Bíblia aberta, com o pregador encarando a congregação; não era algo que acontecia no altar, pois o sacerdote realizava um ritual que a congregação apenas observava. O ofício da pregação era tão importante que nem os membros banidos da igreja deviam ser excluídos de seus benefícios.

Para Lutero, a vida da igreja tinha chegado a um estado lastimável por causa da negligência à Palavra de Deus. A missa era vista como obra para agradar a Deus, e não como meio de comunhão ao redor da Palavra (Hägglund, 1989).

Um aspecto relevante é que a Palavra se tornou o centro do culto para Lutero, precisando ser lida e também interpretada. "Se a Palavra de Deus não é pregada seria melhor que os homens não cantassem ou lessem ou se reunissem" (Hägglund, 1989, p. 202). Observamos então, a ênfase dada ao ensino da Palavra, aspecto que, nos dias atuais, está sendo deixado em segundo ou até em terceiro plano em muitas igrejas, com mais ênfase a curas e milagres – não que a observação destes não seja importante, mas é por meio do ensinamento da Palavra que o povo é alimentado e conhece a verdadeira doutrina.

Para Lutero, "uma congregação cristã nunca deve reunir-se sem a pregação da Palavra de Deus e a oração, não importa quão exíguo seja o tempo da reunião. A pregação e o ensino da Palavra de Deus é a parte mais importante do culto divino" (Viola, 2015, p. 16). Ele enfatizou a comunhão entre as pessoas no culto:

> O culto litúrgico é a ocasião em que a comunidade se reúne, quando ocorre intercâmbio mútuo entre Cristo e a congregação, e dos cristãos entre si. Nossos pecados são transferidos a Cristo, e sua justificação nos é outorgada. De modo semelhante compartilhamos as cargas e preocupações de nossos coirmãos e nos comprometemos a carregar nossa cruz, ao mesmo tempo que recebemos ajuda e apoio através de nossa comunhão na comunidade. (Hägglund, 1989, p. 203)

De acordo com essa afirmação, podemos perceber alguns pontos relevantes no que diz respeito à importância do culto e de seus resultados. O ensinamento da Palavra é algo de grande importância para o crescimento espiritual daqueles que a ouvem. Outro aspecto importante é a comunhão produzida durante o culto entre os participantes, pois compartilham as cargas e preocupações dos coirmãos e se comprometem a carregar a cruz uns dos outros. É claro que essa atitude não deve ser realizada somente na hora do culto, mas estimulada e ensinada.

Algumas mudanças centrais com relação ao culto foram realizadas por Lutero, aspectos que deram uma nova cara à ação: 1) a linguagem usada era do povo, ou seja, aquilo que era dito ou ensinado era para que o povo pudesse entender e ser desafiado a colocar em prática; 2) o sermão passou a ser o ponto culminante ou central no culto, com o intuito de ensinar a Palavra de Deus ao povo; 3) a congregação participava cantando e os cânticos eram tidos como uma maneira de louvar a Deus – outro aspecto importante é que por meio dos cânticos havia a oportunidade de aprender algumas doutrinas bíblicas; 4) enfatizava-se que a missa não refaz o sacrifício de Cristo, pois Jesus Cristo morreu uma só vez para todos e para sempre; 5) a congregação participa do pão e do vinho, a comunhão na Ceia é algo de grande importância no culto (Viola, 2015).

6.3 Zuínglio (1484-1531)

Ulrico Zuínglio nasceu no dia 1º de janeiro de 1484, na cidade de Wildhaus, na Suíça, e faleceu dia 11 de outubro de 1531, com somente com 47 anos de idade. Estudou na Universidade de Basileia e na Universidade de Viena e foi o principal líder da Reforma Protestante na Suíça. Tinha por objetivo limpar a igreja dos vestígios católicos, como a missa, a penitência, as imagens, a veneração de Maria, a oração pelos mortos, entre outros. Nesse ponto, foi muito mais longe que Lutero (Olson, 1999).

Crédito: André Müller

Para alguns, ele é considerado menos importante porque não tinha a criatividade de Lutero nem a sistemática de Calvino, entretanto, toda sua teologia foi escrita em menos de dez anos e teve uma enorme influência sobre Calvino.

A Palavra era central para Zuínglio, toda ela, e não um cânon dentro do cânon. O Espírito trabalha pela Palavra em nossa vida (Olson, 1999).

Passou a ler a Bíblia para ver o que ela dizia e, dessa forma, as Escrituras se tornaram muito mais claras para ele. Entendia que, se não houve a atuação do Espírito, a pessoa não entenderia a Bíblia – as Escrituras podem ser claras para a pessoa simples e obscura para os especialistas. Ele também enfatizou que a Palavra de Deus não se limita às Escrituras, mas abrange tudo que Deus revelou. O Espírito ilumina a pessoa para que perceba que a Bíblia é a Palavra de Deus. Ele colocou a Bíblia sobre a tradição e enfatizou a iluminação interior dada pelo Espírito Santo.

Zuínglio tinha a ideia de que a igreja precisava ser reformada por meio da pregação do evangelho puro de Cristo, por isso passou a pregar a Palavra ao povo. "Ele estava não apenas pregando da Bíblia, mas também permitindo que a Bíblia falasse diretamente a ele e à sua congregação" (George, 1994, p. 127). Ele dedicou uma hora por dia e cinco dias por semana à exposição das Escrituras para quem desejasse participar.

No entendimento dele, tudo o que Deus falou seria a Palavra de Deus, e não somente a expressão escrita, desse modo, a ênfase estava em Deus que nos deu a Palavra; mas também se revelou de outras formas, e a maior revelação de Deus foi Jesus Cristo.

O pensamento de Erasmo de Roterdã influenciou as ideias de Zuínglio, principalmente pelo humanismo, de forma que ele acreditava que toda a verdade é verdade de Deus. Tudo aquilo que os filósofos falaram e que favorece a teologia cristã deve ser respeitado (Olson, 2001).

Para ele, havia uma diferença clara entre Criador e criatura, e o grande pecado da humanidade era adorar a criatura, e não o Criador, pois assim acontecia a idolatria, sendo que toda a confiança do ser humano deveria ser depositada em Deus.

A predestinação era muito enfatizada por ele, mas, a partir do momento em que queremos enfatizar demais um ponto, corremos perigo. Zuínglio afirmou que "já que tudo é pré-determinado por Deus e nenhum ser pode determinar as coisas por si mesmo, logo tudo que temos e vemos é uma manifestação de Deus" (Olson, 1999, p. 403).

Essa ideia nos leva ao extremo, portanto, precisamos cuidar com qualquer doutrina, pois podemos ir além do equilíbrio que precisamos ter. Segundo Zuínglio, Deus ordenava até os crimes que aconteciam, os quais, da perspectiva divina, traziam glória para Deus, mesmo que desgraça aos olhos dos homens – ele fazia uso disso para se proteger contra a doutrina da justificação pelas obras. Se Deus escolhe, não há mérito humano. Ele também admitiu que havia pessoas que não tinham ouvido o evangelho e que eram eleitas por Deus.

O objetivo de Zuínglio era promover a reforma de uma sociedade toda, por isso não separou a igreja do Estado. Queria que houvesse um Estado reformado e, para isso, usaria armas para alcançar o seu intento. Para ele, a lei de Cristo é lei para a política, para o Estado, ou seja, para a sociedade toda, e não somente para os cristãos.

Zuínglio via a lei como as diretrizes de Deus para que os seus andem pelos caminhos Dele – dessa maneira, houve uma ênfase de discipulado e santificação. Esse pensamento dele era contrário ao de Lutero, pois lutava muito contra o conceito de lei que tende a inclinar sobre a ideia da salvação por obras.

Um fato interessante sobre Zuínglio era que, em alguns assuntos, depois de refletir, acabava aceitando pontos de vista diferentes e mudava o próprio modo de pensar. No que diz respeito ao batismo, no início cria no batismo de adultos e depois voltou atrás, dizendo que havia se enganado, e acabou conferindo grande importância ao batismo infantil, defendendo que os sacramentos aumentam e ajudam a fé trazendo os sentidos a obedecer a Cristo. O batismo infantil significa a iniciação da vida de fé e discipulado.

6.4 João Calvino (1509-1564)

Nasceu no dia 10 de julho de 1509 na cidade de Noyon, na França, e faleceu no dia 27 de março de 1964, em Genebra, na Suíça. Foi muito influenciado por Lutero e Zuínglio e tinha uma peculiaridade, pois era bem sistemático, o que o levou a ser conhecido. É considerado parte da segunda geração de reformadores.

Calvino tirou todas as imagens da igreja, pois era radicalmente contra a idolatria. "A ideia de que a mente humana é 'fabricadora de ídolos' é uma das mais profundas afirmações feitas sobre o nosso pensamento a respeito de Deus. Até mesmo a teologia mais ortodoxa não passa, muitas vezes, de mera idolatria" (Tillich, 1988, p. 240-241). Ele buscava a centralidade das Escrituras, e a inspiração verbal das Escrituras era um dos pontos enfatizados por ele.

No entendimento dele, a mente do ser humano está tão corrompida pelo pecado que somente podemos entender a Bíblia quando o Espírito abre a nossa mente (Olson, 1999). É muito importante observarmos alguns aspectos que guiaram a maneira como Calvino construiu sua forma de pensar no que diz respeito a Deus. "Toda a teologia de Calvino foi desenvolvida dentro desses limites: a objetividade da revelação de Deus nas Escrituras Sagradas e o testemunho confirmador e iluminador do Espírito Santo no cristão" (George, 1994, p. 197).

Conforme a citação, podemos observar que Calvino construiu sua teologia em aspectos como a revelação de Deus ao ser humano, ponderando assim que o que conhecemos de Deus existe porque Ele se revelou para nós. Outro aspecto importante era que, para Calvino, as Escrituras eram uma das formas de revelação de Deus e também o guia de vida daqueles que seguiam a Deus. Um terceiro ponto importante a ser considerado era que Calvino entendia que o Espírito Santo era e é o agente que testifica em nossa vida as verdades de Deus.

Para Calvino, tudo o que acontece está debaixo da soberania de Deus; o mal não acontece somente por permissão de Deus, mas pela vontade ativa de Deus que não conseguimos compreender, o que nos conduz a entender a forte ênfase à predestinação. Alguns são criados para a salvação eterna e outros para a condenação eterna. Deus não é a fonte do mal, mas o usa para alcançar objetivos. Calvino acreditava que a condenação dos infiéis resultaria em glória a Deus. Aqueles que se decidem por Cristo mostram que foram escolhidos por Deus e os que recusam a isso não são escolhidos. Isso não faz de Deus alguém injusto, pois a justiça Dele é muito superior à nossa (Hägglund, 1989).

Síntese

Tratamos, neste capítulo, sobre a Reforma Protestante, um marco histórico no pensamento teológico que trouxe grandes mudanças no pensamento e na prática da igreja, tanto para sua época como para os séculos posteriores. Apresentamos fatores que contribuíram nesse processo e alguns personagens importantes, como João Wycliffe, Erasmo de Roterdã, Martinho Lutero, Ulrico Zuínglio e João Calvino.

Atividades de autoavaliação

1. Indique se as afirmações a seguir são verdadeiras (V) ou falsas (F).

   A Reforma Protestante ocorreu na Europa e, antes dela, algumas ocorrências se fizeram necessárias. Diferentes fatores contribuíram para a Reforma, como:

   ( ) A cultura na Europa estava passando por várias mudanças, o nacionalismo estava crescendo, a peste bubônica estava dizimando a população e a igreja estava em decadência.

   ( ) O sonho de unificar a Europa sob a autoridade de Deus e do papa estava cada vez mais longe da realidade, pois havia um questionamento muito grande sobre o poder do papa.

   ( ) O clero se tornou intocável e moralmente depravado, além de muito rico, sendo que a imoralidade era conhecida. Um aspecto muito evidente na época era o fato de que o clero era muito corrupto.

   ( ) Havia uma união muito grande entre o povo e os padres e bispos, pois estes demonstravam muito amor e compaixão pelo rebanho.

   Assinale a alternativa que corresponde à sequência correta:

   a) V, V, V, V.
   b) V, V, F, V.
   c) V, V, V, F.
   d) V, V, F, F.

2. Indique se as afirmações a seguir são verdadeiras (V) ou falsas (F).

   Sobre Martinho Lutero, podemos afirmar:

   ( ) Nasceu em Eisleben, na Alemanha, no dia 10 de novembro de 1483.
   ( ) O pai queria que ele se tornasse advogado e Lutero resolveu atender a esse pedido, mas, depois de formado, decidiu que iria para um monastério.
   ( ) Queria encontrar o Deus da graça, mas somente encontrava o juiz. Buscava a certeza da salvação, mas esta fugia dele.
   ( ) A ansiedade que ele tinha era gerada por três tipos de medo. O primeiro era o medo das doenças e da morte; o segundo, da culpa e da condenação e das respostas inadequadas da igreja a esses terrores que produziam uma ansiedade moral; o terceiro era o medo de que a vida não tivesse sentido nem propósito, criando uma profunda ansiedade existencial.

   Assinale a alternativa que corresponde à sequência correta:

   a) V, V, V, F.
   b) V, V, F, V.
   c) V, V, V, V.
   d) V, V, F, F.

3. Indique se as afirmações a seguir são verdadeiras (V) ou falsas (F).

   Com relação à Bíblia, alguns entendimento de Lutero eram:

   ( ) É o único fundamento da igreja, e a tradição precisa ocupar o segundo lugar; o que precisa ser compreendido é que a Bíblia é autoridade absoluta, mesmo quando diverge da tradição.

( ) A igreja não poderia ser o juiz sobre o significado da Escritura, pois a Escritura é a Palavra de Deus. A ideia de Lutero não era remover a tradição, mas colocar a Bíblia como autoridade sobre a tradição.

( ) Cristo é o centro da Bíblia, e a Escritura deve ser entendida a favor de Cristo, não contra ele; se não se refere a ele, não é verdadeira Escritura.

( ) Ele apresenta as Escrituras como o manual de vida do cristão.

Assinale a alternativa que corresponde à sequência correta:

a) V, V, V, F.
b) V, V, V, V.
c) V, F, V, V.
d) V, V, F, F.

4. Indique se as afirmações a seguir são verdadeiras (V) ou falsas (F).

Ulrico Zuínglio nasceu no dia 1º de janeiro de 1484, na cidade de Wildhaus, na Suíça, e faleceu dia 11 de outubro de 1531, com somente com 47 anos de idade. Sobre ele, podemos afirmar:

( ) Estudou na Universidade de Basileia e na Universidade de Viena e foi o principal líder da Reforma Protestante na Suíça.

( ) Tinha por objetivo limpar a igreja dos vestígios católicos, como a missa, a penitência, as imagens, a veneração de Maria, a oração pelos mortos, entre outros. Nesse ponto, foi muito mais longe que Lutero.

( ) Era um padre católico que atuou entre os menos afortunados na França.

( ) Passou a ler a Bíblia para ver o que ela dizia, e dessa forma as Escrituras se tornaram muito mais claras para ele. Entendia que, se não houve a atuação do Espírito, a pessoa não entenderia a Bíblia.

Assinale a alternativa que corresponde à sequência correta:

a) V, V, V, F.
b) V, V, V, V.
c) V, F, V, V.
d) V, V, F, F.

5. Indique se as afirmações a seguir são verdadeiras (V) ou falsas (F).

João Calvino nasceu no dia 10 de julho de 1509 na cidade de Noyon, na França, e faleceu no dia 27 de março de 1964 em Genebra, na Suíça. Sobre ele, podemos afirmar:

( ) Foi muito influenciado por Lutero e Zuínglio e tinha uma peculiaridade, pois era bem sistemático, o que o levou a ser conhecido.

( ) Calvino tirou todas as imagens da igreja, pois era radicalmente contra a idolatria.

( ) Buscava a centralidade das Escrituras, e a inspiração verbal das Escrituras era um dos pontos enfatizados por ele.

( ) Toda a teologia de Calvino foi desenvolvida sobre a objetividade da revelação de Deus nas Escrituras Sagradas e o testemunho confirmador e iluminador do Espírito Santo no cristão.

Assinale a alternativa que corresponde à sequência correta:

a) V, V, V, F.
b) V, F, V, V.
c) V, F, V, V.
d) V, V, V, V.

Atividades de aprendizagem

Questões para reflexão

1. Quais foram alguns dos fatores históricos que contribuíram para a Reforma?

2. Quais foram alguns dos aspectos teológicos que levaram Martinho Lutero a apresentar as 95 teses?

3. Quais foram os aspectos que levaram Lutero a se posicionar contra a teologia de sua época?

4. Qual era o entendimento de Lutero sobre a justificação?

5. Qual era o entendimento de Lutero sobre as Escrituras Sagradas?

6. Quais foram os aspectos que guiaram Calvino a construir sua maneira de pensar no que diz respeito a Deus?

Atividade aplicada: prática

1. A Reforma foi um fato histórico que produziu uma grande mudança na história do pensamento teológico. Levante duas contribuições que a Reforma teve e fundamente suas colocações.

capítulo sete

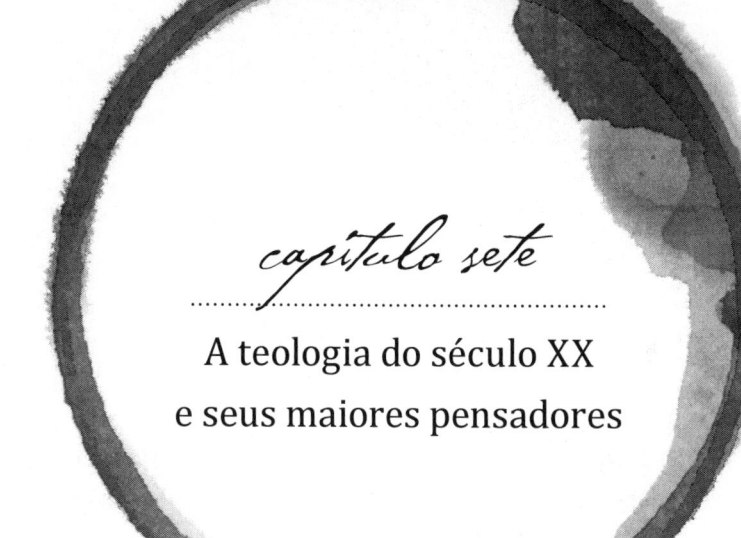

A teologia do século XX
e seus maiores pensadores

07

Neste capítulo, trataremos de alguns teólogos do século XX, bem como de seus pensamentos. Falaremos sobre Karl Barth, Emil Brunner e Rudolf Bultmann.

Também apresentaremos alguns pensamentos de Paul Johannes Oskar Tillich. Por último, estudaremos o teólogo Karl Rahner, um sacerdote jesuíta, ordenado em 1932, que foi um dos mais importantes teólogos da tradição católica no século XX.

7.1 Karl Barth (1886-1968)

Nasceu no dia 10 de maio de 1886 na Basileia, Suíça, e faleceu no dia 10 de dezembro de 1968.

O pai era pastor e professor, pertencia à igreja reformada da Suíça e dava aulas para pastores em uma espécie de seminário – foi transferido para dar aulas em Berna. Os avôs de ambos os lados eram pastores, o que nos leva a perceber que ele tinha uma formação evangélica de berço.

Ainda jovem, após a confirmação do batismo, decidiu se tornar teólogo, pois tinha o desejo de compreender muitas questões teológicas que o intrigavam. Foi um aluno aplicado e estudou em Berna, Berlim, Tubinga e Marburgo; logo após, tornou-se pastor de uma igreja alemã na cidade de Genebra, em 1909. A visão de Barth era de uma teologia liberal, entretanto, com o passar dos anos, começou a mudá-la após se tornar pastor de uma pequena congregação.

Ele deixou de acreditar e rompeu laços com a teologia liberal, pois essa pouco contribuía para seus sermões. Tentou achar na teologia e nos teólogos as respostas para os problemas das pessoas em sua congregação. Como não encontrou ajuda com eles, voltou-se para a Bíblia e descobriu-a de uma forma totalmente nova: a Bíblia não consiste dos pensamentos corretos do ser humano sobre Deus, mas dos pensamentos corretos de Deus acerca do ser humano (Grenz; Olson, 1992).

Em seu comentário sobre o livro de Romanos, que publicou em 1919, ele apresentou vários argumentos relevantes contra a teologia liberal da época, apresentando suas ideias sobre a inspiração verbal das Escrituras, bem como o método histórico crítico. Ele realmente não encontrou apoio de muitos e seus escritos provocaram muitas reações diversas em pastores e teólogos.

Para ele, a Bíblia deveria estar acima da razão e a teologia não poderia se basear em outra coisa a não ser na Bíblia (Olson, 1999).

7.1.1 O entendimento de Barth sobre Deus

Barth afirmava que Deus é transcendente, sua teologia é dialética e, nesse sentido, a dialética de Deus é totalmente diferente dos homens. Assim, crê que a Bíblia somente pode ser uma representação humana de quem Deus é (Brown, 1999).

Uma afirmação importante que devemos considerar aqui é que, para Barth, Deus é amor e não está preso ao seu amor nem em seu atributo; Ele ama o ser humano porque Ele quer isso. Barth também afirmava que Deus se envolve com o ser humano, e isso é algo que nos revela o amor Dele para conosco. Para ele, Deus é Deus sem o ser humano e sem o mundo, ou seja, Deus existiria mesmo que o mundo não existisse.

Ele afirmava a liberdade e o amor de Deus, desse modo, Deus criou o homem para ter comunhão com quem chega ao seu auge com Jesus. Entretanto, Deus não ficou em Seu mundo e poderia ter ficado com o amor somente para Ele, mas resolveu compartilhar com o ser humano.

Para os liberais, Deus era amor e, por isso, estava preso a esse atributo. Dessa maneira, Ele precisava salvar a todos – a visão universalista, ou seja, de que no fim de tudo todos serão salvos por Deus.

A religião, para Barth, seria a tentativa humana de conhecer a Deus e que acaba substituindo Deus por um deus que corresponde aos seus desejos. Jesus é a revelação divina que destrói toda e qualquer religião, por isso Barth diferenciava religião e fé (Hordern, 1986). Podemos observar que a fé está ligada à revelação de Deus ao ser humano e que religião é algo que parte do homem, ou seja, um sacrifício humano em direção a Deus – aspecto que não tem nenhuma eficácia. O ser humano pode conhecer algo de Deus se vier de cima para baixo, Dele para nós, e isso é definido como revelação divina, no que podemos ver a fé, e não a razão. Não podemos saber nada sobre Deus a não ser que ele se mostre a nós.

No que diz respeito à revelação de Deus para os seres humanos, temos alguns entendimentos.

Para os teólogos liberais, Deus se revela na natureza ou na experiência das pessoas, e a revelação especial é a mais alta representação do que podemos saber sobre Deus de forma geral. Já para os pensadores fundamentalistas, o evangelho era visto como sistemas de doutrinas que tinham de ser compreendidos e cridos. Sendo assim, Barth não acreditava na ideia dos liberais nem dos fundamentalistas.

7.1.2 O entendimento de Barth sobre a Bíblia

Barth via a Bíblia não como a Palavra de Deus, mas como um instrumento da Palavra de Deus. Ele a definiu como *dialética*. Assim, para ele, a Bíblia é o meio da Palavra de Deus ao invés da Palavra de Deus em si mesma (Osborne, 1995). No entendimento dele, a única fonte para a teologia é a Palavra de Deus, e esta aparece de três maneiras:

1. Em primeiro lugar, como a revelação de Jesus Cristo, que é o evangelho em si.
2. Em segundo lugar, como a revelação divina, a visão canônica.
3. Em terceiro lugar, como a pregação da Palavra na igreja, ou seja, a palavra pregada ensina, independentemente do tempo histórico.

Um aspecto importante é que, para Barth, tanto a segunda quanto a terceira maneiras da revelação da Palavra só se tornam a Palavra de Deus quando Deus as usa para revelar a pessoa de Cristo.

Para ele, a Palavra de Deus é um acontecimento que Ele usa para falar ao ser humano, sendo que usa palavras humanas para expressar a Palavra Dele a nós, mas a Bíblia em si não é a Palavra de Deus. Ela se torna a Palavra de Deus quando Deus fala a nós por meio dela e é Deus quem decide quando ela se torna Palavra de Deus para nós. Não cabe decidirmos o que é simplesmente Escritura e quais partes da Bíblia Deus toma para se tornar a Palavra. Mas isso também não depende da nossa experiência subjetiva (Bromiley, 1978).

A Bíblia é o meio pelo qual a revelação ocorre, ao invés do produto da revelação, entretanto, para Barth, quando se fala de inspiração, ele crê mais a obra de Deus com o leitor que a obra de Deus com o autor do texto escrito.

7.1.3 O entendimento de Barth sobre a salvação

Para os teólogos liberais, quando se fala em *salvação*, eles são universalistas, ou seja, entendem que no fim todos serão salvos, que Deus reconciliou o mundo e então todos estavam perdoados. Aspectos como julgamento, inferno e ira de Deus não estavam mais em pauta. Por outro lado, os fundamentalistas somente falavam em inferno e sofrimento eterno, sendo que o universalismo era a pior das heresias (Olson, 1999).

Não podemos definir Barth como um universalista categórico, entretanto, ele se baseava no fato de que Jesus morreu por todos, então a conclusão seria de que todos poderiam ser salvos. Mas isso seria algo que Deus decidiria.

Como reformado, ele acreditava na predestinação, pois para ele Deus permitia que o homem pecasse, mas já havia determinado antes da entrada do pecado que Jesus viria para perdoar o ser humano.

7.2 Emil Brunner (1889-1966)

Emil Brunner nasceu no dia 23 de dezembro de 1889 na cidade de Winterthur, na Suíça, e faleceu no dia 6 de abril de 1966 em Zurique, também na Suíça.

Foi teólogo neo-ortodoxo, ordenado pela igreja reformada da Suíça e pastor durante oito anos, antes de se tornar professor de Teologia. Estudou teologia em Zurique e Berlim e obteve o doutorado em Teologia. Lecionou na Inglaterra, na Suíça, no Japão e nos Estados Unidos. Participou de turnês de palestras nos Estados Unidos e na Ásia.

Crédito: André Müller

Foi uma figura muito importante na teologia do século XX, pois, com Barth e Bultmann, dominou os estudos no mundo cristão da época.

Brunner escreveu aproximadamente 400 livros e artigos. Sua maior obra é uma teologia sistemática dogmática que concluiu no ano de 1960.

Para ele, a essência do cristianismo está no encontro de Deus com a humanidade; sendo assim, conhecer a Deus é muito mais profundo que conhecer objetos, pois exige uma decisão pessoal, ou seja, um compromisso (Grenz; Olson, 1992).

7.2.1 O entendimento de Emil Brunner sobre Deus

No entendimento de Brunner, não podemos conhecer a Deus pela nossa razão ou pelo nosso entendimento; desse modo, se Deus não se revelar, não há meios de conhecê-lo. O Deus que conhecemos é o Deus revelado, e não aquele produzido pelos filósofos (Grenz; Olson, 1992). Para ele, Deus toma a iniciativa. A verdade cristã é descoberta pelo encontro com Deus, que acontece em momentos de crise; sendo assim, Deus fala e o ser humano responde ou não. Essa verdade não é encontrada pelo pensamento ou pela filosofia, mas pelo encontro, o que torna o ser humano responsável.

É necessário observar que o Espírito testifica com o nosso coração que somos de Cristo, tornando-nos contemporâneos de Cristo. O Espírito fala a nosso coração e, assim, temos a Palavra de Deus.

Para Brunner, Deus não revela alguma coisa a nós, mas se revela como Ele mesmo é (Grenz; Olson, 1992). Quando analisamos esse entendimento, podemos ver que os cristãos são os companheiros de diálogo de Deus no decorrer da história.

A revelação toma uma forma pessoal, pois, para ele, o senhorio e o amor de Deus somente podem ser comunicados por meio da autorrevelação de Deus e de nenhuma outra forma. A revelação não pode ser considerada somente como informação sobre Deus, mas a presença pessoal de Deus. A revelação tem o objetivo de estabelecer um relacionamento entre Deus e o ser humano.

De acordo com o pensamento de Brunner, a revelação geral poderia ser o ponto de contato para que a pessoa buscasse a Deus, pois o ser humano pecador não tem condições de buscar as coisas de Deus, a não ser que haja uma ponte – e, de acordo com ele, essa ponte seria a revelação geral de Deus.

7.2.2 O entendimento de Emil Brunner sobre a Bíblia

Para Brunner, a Bíblia é somente uma revelação indireta de Deus, já que temos em Jesus a revelação direta de Deus. Nesse caso, a maior revelação de Deus foi e ainda é a pessoa de Jesus.

Um aspecto importante sobre a revelação é que ela não consiste em proposições, mas em um ato histórico e pessoal de Deus. Assim sendo, o elemento cognitivo da revelação perdeu importância (McGrath, 2000).

A Bíblia contém o primeiro testemunho a respeito de Cristo, o que é muito importante, mas nem tudo que está nela tem o mesmo valor. A Bíblia é um livro humano, não é a palavra final. Jesus é a palavra final. A Bíblia não é a autoridade, mas a fonte da verdade que contém autoridade absoluta (Grenz; Olson, 1992).

7.2.3 Alguns pensamentos de Brunner

A teologia dele é conhecida como a *teologia dialética* ou *teologia de crise*:

> Semelhantemente, quando Deus se encontra em face do homem, consoante o entende essa teologia, verifica-se que o futuro total do homem se encontra, então, em jogo. Ao homem que se encontra face a face com Deus é dado que diga "não" a Deus, e, nesse caso, avançará em direção à morte espiritual, ou então, ele consentirá em dizer "sim" a Deus, e será transformado num novo homem. (Hordern, 1986, p. 129)

Para Brunner, no momento em que o ser humano percebe que as coisas estão difíceis, pode tomar a decisão para um ou para outro lado.

Um teólogo que muito influenciou Brunner foi Martin Buber. Para ele, havia uma diferença grande entre objetos e pessoas; entre o conhecimento de objetos e de pessoas. Brunner não concordava com o objetivismo que as pessoas alegavam ter vindo da Bíblia e da igreja. Esse objetivismo se baseava na subjetividade do conhecimento.

Brunner se esforçou para conseguir conviver com o arminianismo e o calvinismo. No entendimento dele, Deus olha para o ser humano como alguém responsável e que precisa se decidir; embora ame a pessoa, Ele respeita a decisão dela. Mas a iniciativa precisa sempre partir de Deus. Para Brunner, os que creem são os eleitos (Grenz; Olson, 1992).

Ele enfatizou a encarnação e a ressurreição, a centralidade de Jesus na salvação, a necessidade de fé pessoal em Jesus, a igreja como sendo comunhão, e não instituição, e a Bíblia como regra de prática e fé. Mas rejeitou o ensino da ascensão, do inferno, do nascimento virginal de Jesus – ele via Adão e Eva como personagens simbólicos.

7.3 Rudolf Bultmann (1884-1976)

Bultmann nasceu no dia 20 de agosto de 1884, na cidade de Wiefelstede, na Alemanha, e faleceu no dia 30 de julho de 1976, aos 91 anos, na cidade de Marburgo, também na Alemanha. Era filho de pastor luterano e cresceu em um ambiente muito religioso. Os avós paternos foram missionários na África e o avô materno foi pastor pietista. Estudou em Tübingen, Berlim e Marburgo e lecionou em várias universidades da Alemanha.

É considerado por muitos como o maior erudito do Novo Testamento (NT) do século XX e, com certeza, um dos mais influentes.

Algumas das obras mais importantes dele foram a *História da Tradição Sinóptica*, escrita em 1921; *Jesus*, escrita em 1926; e *Novo Testamento e Mitologia*, escrita no ano de 1941.

7.3.1 O entendimento de Bultmann sobre Deus

Bultmann enfatizava que Deus era totalmente diferente do ser humano. Para ele, havia a ideia de três andares, adotada pelos povos antigos, que se baseavam na visão espacial – céu (Deus e o céu estariam acima da terra), terra e inferno (que estaria abaixo da terra) –, incompatível com uma visão de mundo científica e moderna.

Para ele, a transcendência de Deus não deveria ser vista em termos de espaço, mas referida a sua autoridade absoluta no entendimento de Deus, que deve ser visto no sentido atemporal, ou seja, como algo oposto à matéria. O ser humano não pode conhecer a Deus senão por meio da fé, respondendo à revelação de Deus pela Palavra. Essa revelação não é a comunicação de verdades sobre Deus. Não podemos falar sobre Deus em termos distantes, impessoais; somente podemos falar de Deus, mas não de modo teórico, pois isso exige que estejamos face a face com Ele. Cristo é a Palavra de Deus, não um ajuntamento de ideias, é Deus dirigindo-se ao indivíduo (Grenz; Olson, 2003).

7.3.2 O entendimento de Bultmann sobre Jesus

Para Bultmann, o NT não está interessado no Jesus histórico, mas no Cristo da fé. A ausência dessa ênfase na história não é importante, já que o que nos interessa é o Jesus pregado pela igreja primitiva. Para ele, o NT não se preocupa com a história, mas com o Jesus da fé da igreja. A questão central da fé não é o conhecimento sobre o Jesus histórico, mas a resposta ao Jesus que encontramos na mensagem de que Deus agiu em Jesus. A presença de Deus se restringe a seu impacto ou sua impressão sobre o mundo subjetivo da experiência individual da pessoa. Assim sendo, Deus atua somente na existência pessoal do indivíduo, e não no mundo como um todo. A ressurreição era uma experiência pessoal dos discípulos, não algo para o mundo (McGrath, 2000).

Bultmann entendia que a missão principal de Jesus era um "chamado à decisão". Jesus queria chamar os discípulos para aceitarem sua mensagem e obedecerem a suas ordenanças. Para ele, Jesus via a si mesmo como a pessoa na qual Deus se fazia presente e pela qual oferecia a salvação.

O importante era saber que Jesus é o fundamento daquilo que se ensina. A questão não é discutir os fatos históricos, mas "comunicar a necessidade de uma tomada de decisão por parte daqueles que ouvem a proclamação do evangelho, transferindo, assim, o momento escatológico de um passado distante para o aqui e o agora da proclamação em si" (McGrath, 2005, p. 451).

É importante salientar que o Jesus histórico não é o objetivo primário da revelação divina; o foco da revelação de Deus é visto e entendido no encontro de uma pessoa com a pregação sobre o Cristo. Segundo Hordern (1986, p. 201):

> *O que importa no conteúdo dos Evangelhos não é o que eles nos informam a propósito da pessoa de Jesus, "como realmente ele era", qualquer que seja a significação que a isso se atribua, mas, sim, o que os Evangelhos nos deixam transparecer da significação de Jesus para os primeiros cristãos e, por conseguinte, o que Jesus pode significar para nós.*

Nesse sentido, nossa fé não vem do conhecimento do Jesus histórico, mas, sim, de uma confrontação com o Cristo do presente. O que realmente importa para a nossa fé é a resposta que damos quando somos confrontados com o Cristo da mensagem do evangelho. Bultmann não afirmou que o cristianismo poderia existir sem a cruz. Para ele, a crucificação existiu, mas somente pela fé é que entendemos que foi um ato divino. Nesse caso, o que realmente tem sentido e é importante não é o fato histórico, mas o significado desse fato, o que isso representa para cada um de nós, pois olhar para o sacrifício de Jesus na cruz como um ato heroico não salva ninguém.

Para Bultmann, é impossível crer em milagres na era científica em que vivemos. Logo, não podemos crer em uma ressurreição literal, mas podemos fazer sentido desse "acontecimento" de outra forma. De acordo com o teórico, a história é uma sequência de causa e efeito na qual não se encaixam milagres, pois isso violaria essa regra.

Nessa mesma linha da dificuldade de entender alguns aspectos importantes do cristianismo, Bultmann diz que crer na ressurreição era algo legítimo e inteligível para o mundo do século I, mas não para os dias de hoje. Para ele, era impossível usar a eletricidade e a medicina e crer ao mesmo tempo no mundo dos espíritos e dos milagres do NT (McGrath, 1998).

7.3.3 O entendimento de Bultmann sobre a Bíblia

No entendimento dos teólogos liberais, era importante tirar os mitos da Bíblia para que fosse possível ver as verdades eternas por meio dos mitos, entretanto, para Bultmann, se os mitos fossem tirados, a mensagem cristã sofreria. Dessa maneira, ele apresentou a ideia de que os mitos não precisavam ser retirados, mas interpretados corretamente, o que significa que é importante que seja descoberto o significado real dos textos. Essa interpretação era necessária por causa do grande abismo entre o tempo bíblico e o os dias atuais. Ele se preocupava com como podemos transpor um abismo entre o primeiro século e o século XX e de que maneira seria possível aplicar a mensagem da Bíblia nos dias atuais. Algumas situações que, para alguns, são literais, ou seja, aconteceram e estão na Bíblia, para ele estão dentro da forma mítica de comunicação. Sua ideia era separar a forma do conteúdo, o que não quer dizer que estes tratariam de fatos históricos, mas que significariam algo para nós em nossos dias. Jesus não ressuscitou um morto; trata-se de uma alegoria de que Jesus tem poder de dar vida às pessoas. Não podemos dizer que Jesus morreu pelos nossos pecados, apesar de a cruz ser fato histórico; significa que o juízo de Deus não nos atingirá mais se seguirmos a Jesus (Backhaus, 1967). Desse modo, o cerne das histórias milagrosas não está no milagre em si, mas sim no ensinamento que podemos tirar delas.

7.4 Paul Tillich (1886-1965)

Paul Johannes Oskar Tillich nasceu no dia 20 de agosto de 1886 na cidade de Starosiedle, na Polônia, e faleceu no dia 22 de outubro de 1965 em Chicago, Illinois, nos Estados Unidos. Era filho de um pastor luterano que o incentivou dentro das tradições e dos valores antigos; já a mãe o incentivou a uma abertura de mente e aventuras intelectuais. Estudou na Universidade de Halle-Wittenberg e Humbolt, de Berlim. Durante a Primeira Guerra Mundial, serviu como capelão do exército.

Foi professor em diversas universidades da Alemanha, entretanto, em 1933, foi demitido pelos nazistas por causa de suas ideias socialistas, mas teve um conhecido que o ajudou a chegar aos Estados Unidos, onde lecionou em diversas das principais escolas, como Harvard, Union Theological Seminary e Universidade de Chicago.

Durante a vida, recebeu 12 doutorados honoríficos de grandes universidades norte-americanas. Muitas pessoas iam até lá para ouvi-lo, mesmo que não entendessem o que falava (Grenz; Olson, 1992). Escreveu muitas obras, mas a maior delas é *Teologia sistemática*. Esforçou-se para apresentar o evangelho de maneira que o homem secular pudesse entender e ser tocado por ele.

7.4.1 O entendimento de Tillich sobre a teologia

De acordo com Tillich, a teologia precisava responder às perguntas das pessoas, ou seja, tinha como função auxiliar as pessoas a compreender Deus. Ele fazia uma oposição muito grande com a teologia fundamentalista e neo-ortodoxa, pois, para ele, esses pensamentos não respondiam às questões importantes que as pessoas tinham acerca da vida – questões levantadas pela cultura moderna. Segundo Tillich, a teologia precisava responder às questões dos seus dias sem perder a essência, aspecto sobre o qual precisamos refletir também em nossos dias.

Assim, a revelação de Deus precisava responder às questões do cotidiano; se assim não o fosse, teria se tornado obsoleta. Se a teologia está firmada na revelação de Deus, precisa responder às questões existenciais do nosso século (Grenz; Olson, 1992).

7.4.2 O entendimento de Tillich sobre Deus

No lugar da palavra *Deus*, Tillich usava várias expressões. Aquilo que nos interessa essencialmente, a razão do nosso ser, o ser em si, o poder do ser, o fundamento do ser (Brown, 1999). No entendimento dele, Deus não é um ser que pode ou não existir, mas o próprio Ser.

Deus não é um ser nem uma coisa, pois isso significaria que Ele é finito. Deus está além das limitações da existência e além do alcance do pensamento conceptual, pois essas coisas são finitas e Deus é infinito (Brown, 1999).

O pensamento de Tillich sobre esse assunto era, para muitos, e ainda é, complexo, e podemos perceber isso nas palavras de Gundry (1983): "Como existência própria, Deus não existe. Está além da existência. Logo, argumentar que Deus existe é negar a Ele".

Como somos seres finitos, existimos, e como existimos, podemos deixar de existir, mas Deus é. Ele é a base de existência de tudo o que existe. Deus está em tudo, mas Deus não é tudo. Deus é a profundidade de tudo o que existe, Ele é a força interna profunda que é a causa da existência de todos os objetos. No entendimento de Tillich, Deus não é pessoal; é um ser, e não uma pessoa.

Deus não se revelou de forma que possamos defini-lo. O resultado é que temos símbolos, ritos, mas não podemos definir o que disso é válido e o que não é, já que Tillich rejeita a Bíblia como revelação definitiva de Deus (Gundry, 1983).

7.4.3 O entendimento de Tillich sobre Jesus Cristo

Para Tillich, somente quando tomou sobre si a morte e o sofrimento é que Jesus se tornou o Cristo. O acontecimento histórico no qual o cristianismo se fundamenta possui dois aspectos: o fato que é chamado "Jesus de Nazaré" e a aceitação desse fato por aqueles que o declaram como o Cristo. Tillich não tinha nenhum interesse na figura histórica de Jesus de Nazaré, mas o símbolo "Cristo" ou "Messias" significa "aquele que inaugura uma nova ordem, o Novo Ser". O significado de Jesus encontra-se no fato de ele ser a manifestação histórica desse Novo Ser. "É Cristo quem traz o Novo Ser, que salva os homens do velho ser, isto é, da alienação existencial e de suas consequências destrutivas" (McGrath, 2005).

O que precisa ficar bem claro é que, no entendimento de Tillich, ele distingue "o princípio de Cristo" e a pessoa histórica de Cristo.

Dessa forma, Jesus "pode ser entendido como um símbolo que ilumina o mistério do ser", embora esse esclarecimento possa ser também encontrado em outras formas. Tillich considera Jesus de Nazaré como um símbolo de uma ética particular ou de um princípio religioso. Jesus passa a ser o símbolo do relacionamento humano com o transcendente. Para ele, o ser humano recebe o perdão com ou sem Jesus e a expiação não serve para pagar pelos pecados. Jesus não ressuscitou. A sua dignidade foi restaurada na mente dos discípulos. A fé cristã oferece fatos sólidos, certos símbolos através dos quais podemos participar do Novo Ser. Jesus foi até o fim da vida na manifestação final da transparência de Deus. Segundo Tillich, "Jesus não era nem Deus nem o próprio Novo Ser, mas, sim, o Portador do Novo Ser. Como religião, o cristianismo 'nem é definitivo nem universal'. Pelo contrário, é uma testemunha àquilo que é definitivo e universal" (Brown, 1999, p. 131).

Tillich não acreditava na vida após a morte; o nosso destino e o destino de tudo no mundo é semelhante. A esperança da vida após a morte é vista como uma criação ilusória e tola de pensamentos que desejamos que fossem realidade. Para ele, não existe sobrevivência pessoal, mesmo que possamos usar imagens do tempo para falar do que é eterno.

7.4.4 O entendimento de Tillich sobre a Bíblia

Segundo Tillich, a Bíblia é uma das muitas fontes pelas quais Deus pode ser experimentado pelo ser humano; é considerada a fonte básica da teologia cristã porque narra as origens do cristianismo, apresenta eventos por meio dos quais as pessoas encontraram a Jesus e testemunharam dele como o Novo Ser. A Bíblia não é entendida por ele como o árbitro final da verdade, mas indica a verdade, isto é, a verdade que se encontra em Cristo como o Novo Ser.

Para ele, a revelação de Deus acontece para o ser humano a partir do momento em que o indivíduo experimenta o mistério da vida, a preocupação última da Razão do Ser.

A Bíblia não é revelatória, de modo algum, mas pode guiar a pessoa para experiências revelatórias (Osborne, 1995). Esse entendimento tem uma conotação existencialista que é bem diferente da visão tradicional de revelação e inspiração das Sagradas Escrituras. A Bíblia não era a Palavra de Deus para Tillich, mas um grupo de símbolos ou mitos que precisavam ser reinterpretados com base nos grandes problemas da existência humana. Sendo assim, vai totalmente contra as crenças evangélicas essenciais: um Deus pessoal que se revelou em proposições na Bíblia, que é a Palavra de Deus. Para nós, a solução dos problemas da existência está na salvação em Cristo (Osborne, 1995).

7.5 Karl Rahner (1904-1984)

Por último, estudaremos o teólogo Karl Rahner, que nasceu em Friburgo, na Alemanha, em 1904. Foi sacerdote jesuíta e um dos mais importantes teólogos da tradição católica no século XX. Faleceu em Innsbruck, na Áustria, no dia 30 de março de 1984.

Estudou filosofia e foi ordenado sacerdote católico em 1932 em Valkenburg, nos países Baixos.

Rahner teve uma carreira muito importante na área de ensino. Começou a lecionar em 1937 na Universidade de Innsbruck, na Áustria, e ali ficou até o ano de 1964. Também lecionou na Universidade de Munique, na Alemanha. Ele escreveu mais de 3,5 mil livros e artigos e um dos seus escritos mais famosos foi a coleção de 22 volumes contendo 8 mil páginas, chamada de *Investigações teológicas*.

Crédito: André Müller

Teve uma grande participação na abertura da Igreja Católica romana às diversas tradições religiosas, sendo um dos principais assessores teológicos do Concílio Vaticano II. No ano de 1965, fundou a *Concilium*, revista internacional de teologia da Igreja Católica.

7.5.1 O entendimento de Rahner sobre Deus

No entendimento de Rahner, Deus é mistério em si mesmo, ou seja, Deus é desconhecido do ser humano, mas, ao mesmo tempo, conhecido; entretanto, isso só é possível por meio de sua revelação, que é algo proposto por ele:

> Deus é um ser misterioso absoluto, para transcendentalidade natural do ser humano; Deus é um santo mistério para a transcendentalidade sobrenatural. Mesmo com o auxílio do existencial sobrenatural, os seres humanos são incapazes de conhecer a Deus, a não ser como aquele que é o ponto final, misterioso e indefinível de sua transcendência. (Grenz; Olson, 1992, p. 288-289)

Desse modo, por mais que o ser humano queira saber algo sobre Deus, isso, em sua essência mais profunda, é impossível, pois o ser humano está limitado a sua natureza, o que o encobre de conhecer a essência de Deus, mesmo que Deus venha a se revelar a nós.

Outro ponto importante no entendimento de Rahner é que "o caráter infinito de Deus é axiomático". Como Aquele que é infinito. Deus nunca pode ser objeto do escrutínio humano e não deve ser tratado como tal. Assim, não se pode vê-lo como indivíduo, porém, ele também não é impessoal (Grenz; Olson, 1992).

Deus pode se tornar bem pessoal para cada um de nós como uma experiência particular de relacionamento, pois Ele se revela como quer e para quem quiser, mesmo porque já se revelou de maneira universal.

7.5.2 Rahner e os diferentes tipos de revelação

Para que o ser humano pudesse ter qualquer tipo de conhecimento de Deus, Este precisaria se revelar a nós, pois, para Rahner, os seres humanos são, por natureza, ouvintes em potencial da Palavra de Deus e estão dispostos a obedecer a ela. Essa palavra não está somente relacionada à palavra escrita, ou seja, à revelação por meio da Bíblia, mas sim por meio de toda palavra divina direcionada ao ser humano. Para Ranher, existem dois tipos de revelação. Em primeiro lugar, há a revelação transcendental:

> Essa revelação, mediada pelas experiências transcendentais, oferece um conhecimento implícito de Deus, que continua sendo sempre não temático e não refletido. Ela comunica Deus, mas não oferece informações específicas sobre Deus que pudessem ser conceitualmente formuladas e sobre as quais fosse possível refletir. (Grenz; Olson, 1992, p. 289)

Por meio desse tipo de revelação, o ser humano tem o conhecimento da existência de Deus, ou seja, a noção e o entendimento da existência de Deus e de sua sobrenaturalidade, entretanto, pessoas de Deus, como sua natureza e vontade, não é possível por meio desse tipo de revelação.

O segundo tipo de revelação ressaltada por Rahner é a chamada *revelação categórica* ou *real*. Por meio dela, o ser humano pode chegar a um conhecimento bem mais profundo de Deus e de sua natureza do que se tivesse somente a revelação transcendental:

> *Rahner definiu a revelação categórica como a autorrevelação de Deus que não se dá simplesmente com o ser espiritual do homem como transcendência, mas tem caráter de acontecimento. Ela é o diálogo e, nele, Deus fala ao homem e torna conhecido a ele algo que não pode ser conhecido a todo tempo e em todo lugar simplesmente através da relação necessária de todo a realidade do mundo com Deus na transcendência de homem.* (Grenz; Olson, 1992, p. 289)

É por meio da revelação categórica que aspectos pessoais da natureza divina de Deus são conhecidos pelo homem e, desse modo, o homem pode conhecer o caráter pessoal de Deus e também pode ter um relacionamento com Ele.

Síntese

Neste capítulo, apresentamos alguns teólogos do século XX, pois foram personagens importantes no cenário mundial, e seus pensamentos e legados, que influenciaram o século XX e continuam influenciando nos dias atuais. Tratamos primeiramente de Karl Barth e seu entendimento sobre questões como Deus, a Bíblia e a salvação. Depois falamos sobre Emil Brunner e sua visão sobre

Deus e a Bíblia. Em seguida dissertamos sobre Rudolf Bultmann e seu entendimento sobre Deus, Jesus e a Bíblia, e também sobre Paul Tillich e suas ideias sobre a teologia, Deus, Jesus Cristo e a Bíblia. Por fim, tratamos de Karl Rahner e seu entendimento sobre Deus e os diferentes tipos de revelação.

Atividades de autoavaliação

1. Indique se as afirmações a seguir são verdadeiras (V) ou falsas (F).

   Karl Barth nasceu no dia 10 de maio de 1886 na Basileia, Suíça, e faleceu no dia 10 de dezembro de 1968. Alguns pontos importantes sobre ele são:

   ( ) O pai era pastor e professor, pertencia à igreja reformada da Suíça e dava aulas para pastores em um seminário. Os avôs de ambos os lados eram pastores, o que nos leva a perceber que ele tinha uma formação evangélica de berço.

   ( ) Ainda jovem, após a confirmação do batismo, decidiu se tornar teólogo, pois tinha o desejo de compreender muitas questões teológicas que o intrigavam.

   ( ) Foi um aluno aplicado e estudou em Berna, Berlim, Tubinga e Marburgo; logo após, tornou-se pastor de uma igreja alemã na cidade de Genebra, em 1909.

   ( ) Barth tinha uma visão teológica liberal, entretanto, com o passar dos anos, começou a mudar após se tornar pastor de uma pequena congregação.

Assinale a alternativa que corresponde à sequência correta:

a) V, V, V, F.
b) V, V, V, V.
c) V, F, V, V.
d) V, F, F, V.

2. Indique se as afirmações a seguir são verdadeiras (V) ou falsas (F).

De acordo com o entendimento de Brunner sobre Deus, não podemos conhecer a Deus pela nossa razão ou pelo nosso entendimento, desse modo, se Deus não se revelar, não há meios de conhecê-lo. O Deus que conhecemos é o Deus revelado, e não aquele produzido pelos filósofos. Para ele, Deus toma a iniciativa. A verdade cristã é descoberta pelo encontro com Deus, que acontece em momentos de crise; sendo assim, Deus fala e o ser humano responde ou não. Essa verdade não é encontrada pelo pensamento ou pela filosofia, mas pelo encontro, o que torna o ser humano responsável. De acordo com esse trecho, podemos afirmar:

( ) O ser humano pode conhecer a Deus partido de sua própria iniciativa e vontade, sem nenhuma dependência Dele.

( ) Para Brunner, o Espírito Santo de Deus testifica com o nosso coração que somos de Cristo, tornando-nos contemporâneos de Cristo. O Espírito fala a nosso coração e, dessa forma, temos a Palavra de Deus.

( ) Para Brunner, Deus não revela alguma coisa a nós, mas ele se revela como Ele mesmo é. Quando analisamos esse entendimento, podemos ver que os cristãos são os companheiros de diálogo de Deus no decorrer da história.

( ) A revelação toma uma forma pessoal, pois, para ele, o senhorio e o amor de Deus somente podem ser comunicados por meio da autorrevelação de Deus e de nenhuma outra forma.

Assinale a alternativa que corresponde à sequência correta:

a) F, V, V, V.
b) V, V, V, V.
c) V, F, V, V.
d) V, F, F, V.

3. Indique se as afirmações a seguir são verdadeiras (V) ou falsas (F).

Bultmann nasceu no dia 20 de agosto de 1884 na cidade de Wiefelstede, na Alemanha, e faleceu no dia 30 de julho de 1976, aos 91 anos, na cidade de Marburgo, também na Alemanha. Era filho de pastor luterano e cresceu em um ambiente muito religioso. Os avós paternos foram missionários na África e o avô materno foi pastor pietista. Alguns dos entendimentos teológicos dele eram:

( ) A transcendência de Deus não deveria ser vista em termos de espaço, mas referida a sua autoridade absoluta no entendimento de Deus, que deve ser visto no sentido atemporal, ou seja, como algo oposto à matéria.

( ) É impossível crer em milagres na era científica em que vivemos. Logo, não podemos crer em uma ressurreição literal, mas podemos fazer sentido desse "acontecimento" de outra forma. Para ele, a história é uma sequência de causa e efeito na qual não se encaixam milagres, pois isso violaria essa regra.

( ) Bultmann entendia que a missão principal de Jesus era um "chamado à decisão". Jesus queria chamar os discípulos para aceitar sua mensagem e obedecer as suas ordenanças. Para ele, Jesus via a si mesmo como a pessoa na qual Deus se fazia presente e pela qual oferecia a salvação.

( ) Tinha o entendimento de que os milagres eram a manifestação sobrenatural de Deus.

Assinale a alternativa que corresponde à sequência correta:

a) F, V, V, V.
b) V, V, V, F.
c) V, F, V, V.
d) V, F, F, V.

4. Indique se as afirmações a seguir são verdadeiras (V) ou falsas (F).

Paul Tillich nasceu no dia 20 de agosto de 1886 na cidade de Starosiedle, na Polônia, e faleceu no dia 22 de outubro de 1965 em Chicago, Illinois, nos EUA. Era filho de um pastor luterano, que o incentivou dentro das tradições e valores antigos; já sua mãe o incentivou a uma abertura de mente e aventuras intelectuais. Estudou na Universidade de Halle Wittenberg e Humbolt de Berlim. De acordo com os entendimentos de Tillich, podemos afirmar:

( ) Como somos seres finitos, existimos, e como existimos, podemos deixar de existir, mas Deus é. Ele é a base de existência de tudo o que existe. Deus está em tudo, mas Deus não é tudo.

( ) Deus é a profundidade de tudo o que existe. Ele é a força interna profunda que é a causa da existência de todos os objetos.

( ) A Bíblia é uma das muitas fontes pelas quais Deus pode ser experimentado pelo ser humano. Ela é considerada a fonte básica da teologia cristã porque narra as origens do cristianismo, apresentando eventos por meio dos quais as pessoas encontraram a Jesus e testemunharam dele como o Novo Ser. A Bíblia não é entendida como o árbitro final da verdade, mas indica para a verdade, isto é, a verdade que se encontra em Cristo como o Novo Ser.

( ) A Bíblia não é a Palavra de Deus, mas um grupo de símbolos ou mitos que precisam ser reinterpretados com base nos grandes problemas da existência humana. Sendo assim, vai totalmente contra às crenças evangélicas essenciais.

Assinale a alternativa que corresponde à sequência correta:

a) F, V, V, V.
b) F, F, F, F.
c) V, V, V, V.
d) V, F, V, F.

5. Indique se as afirmações a seguir são verdadeiras (V) ou falsas (F).

Sobre o entendimento de Tillich a respeito de Jesus Cristo:

( ) Para ele, somente quando tomou sobre si a morte e o sofrimento é que Jesus se tornou o Cristo.

( ) Ele não faz distinção entre "o princípio de Cristo" e a pessoa histórica de Cristo.

( ) Para ele, o ser humano recebe o perdão com ou sem Jesus e a expiação não serve para pagar pelos pecados. Jesus não ressuscitou. A sua dignidade foi restaurada nas mentes dos discípulos.

( ) Ele não acreditava na vida após a morte; o nosso destino e o destino de tudo no mundo são semelhantes. Nesse sentido, a esperança da vida após a morte é vista como uma criação ilusória e tola de pensamentos que desejamos que fossem realidade.

Assinale a alternativa que corresponde à sequência correta:

a) F, V, V, V.
b) V, F, V, V.
c) V, V, V, V.
d) V, F, V, F.

Atividades de aprendizagem

Questões para reflexão

1. Qual era o entendimento de Karl Barth sobre Deus?

2. Qual era a compreensão de Emil Brunner sobre a Bíblia?

3. Rudolf Bultmann enfatizava que Deus era totalmente diferente dos seres humanos. Explique qual era a compreensão dele sobre Deus.

4. Qual era o entendimento de Tillich sobre Jesus Cristo?

5. Explique qual era o entendimento de Tillich sobre a Bíblia e comente sobre os dois tipos de revelações destacadas por Karl Rahner.

Atividades aplicadas: prática

1. Cada um dos teólogos apresentados no presente capítulo tem um entendimento sobre os diferentes pensamentos teológicos. Escreva, em poucas palavras, sobre o entendimento dos quatro teólogos estudados sobre Jesus Cristo.

2. Para Barth, a única fonte para a teologia é a Palavra de Deus; desse modo, a Palavra de Deus aparece em três maneiras diferentes. Quais são elas? Explique cada uma delas.

considerações finais

Ao finalizarmos esta obra, fica clara a necessidade de ampliarmos as discussões sobre os diferentes temas apresentados aqui, para que possamos refletir sobre a história da teologia e sua importância, observando as práticas pedagógicas dentro do processo de ensino-aprendizagem da história da teologia, bem como sua contribuição para os dias atuais. Aqui, abordamos os diferentes conceitos do termo *teologia* e os três diferentes pilares sobre os quais ela é construída – discussão que consideramos essencial para que haja uma formação equilibrada do pensamento teológico contemporâneo. Além disso, apresentamos os diferentes aspectos sobre os Pais Apostólicos, entre os quais destacamos Clemente de Roma, Inácio de Antioquia e Policarpo de Esmirna, que foi um dos discípulos do apóstolo João. Também apresentamos os apologistas, que eram pensadores e escritores do século II e que procuravam defender o cristianismo contra as heresias que se levantavam naqueles dias. A reflexão sobre o pensamento desses personagens e também sobre suas práticas nos conduz para um entendimento cada vez maior sobre a importância de termos pessoas capacitadas para defender o pensamento teológico equilibrado.

Outro ponto explorado aqui foi a maneira de a igreja se organizar, pois ela deixou de ser uma seita perseguida para ser uma instituição que buscou a hierarquização da liderança, a formulação dos credos e também o fechamento do cânon. Abordamos ainda os diferentes aspectos que levaram ao rompimento da Igreja do Ocidente com a Igreja do Oriente, reflexão que ainda hoje é válida, tendo em vista que muitos grupos têm um bom começo e, com o decorrer do tempo, são minados por diferentes ideias e entendimentos que, em muitos casos, terminam em divisão ou rompimento.

Tratamos também sobre os diferentes fatores que contribuíram para a Reforma Protestante e sobre alguns personagens importantes desse movimento, como João Wycliffe, Erasmo de Roterdã, Martinho Lutero e João Calvino, ponto importante que nos leva atualmente a refletir sobre a teologia contemporânea e a importância de termos pessoas preparadas para defender uma doutrina bíblica equilibrada.

Apresentamos, por fim, alguns teólogos do século XX, bem como seus pensamentos e os legados que nos deixaram, observando que, contemporaneamente, muito da forma de refletir sobre a teologia pode ser atribuída a esses teólogos, como Karl Barth, Emil Brunner, Rudolf Bultmann, Paul Tillich e Karl Rahner.

Em suma, podemos afirmar que refletir sobre o pensamento teológico historicamente nos dá base para aprimorar o próprio pensamento teológico contemporâneo e futuro.

referências

ALMEIDA, A. P. de. **Teologia contemporânea**: a influência das correntes teológicas e filosóficas na igreja. Rio de Janeiro: CPAD, 2002.

___. **Tratado de teologia contemporânea**. Rio de Janeiro: CPAD, 1980.

BACKHAUS, G. **Evangelische Theologie der Gegenwart**. München: Ernst Reinhardt Verlag, 1967.

BARRS, J. Predestinação e escolha humana. In: KEELEY, R. (Org.). **Fundamentos da teologia cristã**. São Paulo: Vida, 2000. p. 232-233.

BELL, R. **Repintando a igreja**: uma visão contemporânea. São Paulo: Vida, 2008.

BERKHOF, H. **Introduction do the Study of Dogmatics**. Grand Rapids, Mich.: Eerdmans, 1985.

___. **The History of Christian Doctrines**. Grand Rapids, Mich.: Baker, 1983.

BETTENSON, H. **Documentos da igreja cristã**. 3. ed. São Paulo: Aste/Simpósio, 1998.

BIBLIA. N. T. Português. **A Bíblia na linguagem de hoje**: o Novo Testamento. 3. ed. Brasília: Sociedade Bíblica do Brasil, 1988.

BOESAK. A. Teologia negra e reformada: contradição ou desafio? In: MCKIM, D. K. (Ed.). **Grandes temas da tradição reformada**. São Paulo: Pendão Real, 1998. p. 362-371.

BONHOEFFER, D. **Discipulado**. 2. ed. São Leopoldo: Sinodal, 1984.

____. Penitência. In: ELWELL, W. A. (Ed.). **Enciclopédia histórico-teológica da igreja cristã**. São Paulo: Vida Nova, 1990, p. 130-131. v. 3.

BOSCH, D. J. **Transforming Mission**. Maryknoll, N. Y.: Orbis Books, 1991.

BRAY, G. **Biblical Interpretation**: Past and Present. Downers Grove: InterVarsity, 1996.

BROMILEY, G. W. **Historical Theology**: an Introduction. Grand Rapids, Mich.: Eerdmans, 1978.

BROWN, C. Existencialismo. In: ELWELL, W. A. (Ed.). **Enciclopédia histórico-teológica da igreja cristã**. São Paulo: Vida Nova, 1990. p. 133-135. v. 2.

____. **Filosofia e fé cristã**. 2. ed. São Paulo: Vida Nova, 1999.

____. Iluminismo. In: ELWELL, W. A. (Ed.). **Enciclopédia histórico-teológica da igreja cristã**. São Paulo: Vida Nova, 1990b. p. 306-308. v. 2.

____. O relacionamento da filosofia com a teologia. In: KEELEY, R. (Org.). **Fundamentos da teologia cristã**. São Paulo: Vida, 2000. p. 30-31.

BURKE, G. T. Estóicos, estoicismo. In: ELWELL, W. A. (Ed.). **Enciclopédia histórico-teológica da igreja cristã**. São Paulo: Vida Nova, 1990. p. 82-83. v. 2.

BRUCE, F. F. Canon. In: GREEN, J. B.; MCKNIGHT, S.; MARSHALL, I. H. (Ed.). **Dictionary of Jesus and the Gospels**, Downers Grove: InterVarsity, 1992. p. 93-100.

BRUCE, F. F. Downers Grove: InterVarsity, 1988.

CAMPBELL, C. M. As teologias feministas e a tradição reformada. In: MCKIM, D. K. (Ed.). **Grandes temas da tradição reformada**. São Paulo: Pendão Real, 1998. p. 372-378.

CAMPENHAUSEN, H. V. **Os pais da igreja**: a vida e a doutrina dos primeiros teólogos cristãos. Rio de Janeiro: CPAD, 2005.

CAVALIERI, E. A teologia existencialista de Bultmann como expressão do pensamento moderno. In: VVAA. **Teologia e modernidade**. São Paulo: F. Editorial, 2005. p. 101-136.

CHAMPLIN, R. N.; BENTES, J. M. (Ed.). **Enciclopédia de Bíblia**: teologia e filosofia. São Paulo: Candeia, 1991. p. 16-17.

CLOUSE, R. G.; PIERARD, R. V.; YAMAUCHI, E. M. **Dois reinos**: a igreja e a cultura interagindo ao longo dos séculos. São Paulo: Cultura Cristã, 2003.

DECLARAÇÃO conjunta sobre a doutrina da justificação. Igreja Católica Romana e Federação Luterana Mundial. **L'Osservatore Romano**. n. 3, p. 5-8, jan. 2000.

DEVRIES, P. H. Hegel. In: ELWELL, W. A. (Ed.). **Enciclopédia histórico-teológica da igreja cristã**. São Paulo: Vida Nova, 1990. p. 242-243. v. 2.

DIEHL, D. W. Teologia do processo. In: ELWELL, W. A. (Ed.). **Enciclopédia histórico-teológica da igreja cristã**. São Paulo: Vida Nova, 1990. p. 508-514. v. 3.

DÜCK, A. W. **História da teologia**. Disponível em: <http://minhateca.com.br/tsjardon/Documentos/LIVROS+DE+ESTUDOS/ESTUDOS_TEOLOGIA/DOUTRIN*c3*81RIOS/DOUTRIN*c3*81RIOS/V*c3*a1rias+ramifica*c3*a7*c3*b5es+da+Teologia/Hist*c3*b3ria+Da+Teologia,186993065.doc>. Acesso em: 1º mar. 2015.

DUNBAR, D. G. Meister Eckhart. In: ELWELL, W. A. (Ed.). **Enciclopédia histórico-teológica da igreja cristã**. São Paulo: Vida Nova, 1990. p. 493-494. v. 2.

DUNBAR, D. G. The Biblical Canon. In: CARSON, D. A.; WOODBRIDGE, J. D. (Ed.). **Hermeneutics, Authority and Canon**. Grand Rapids, Mich.: Baker, 1995. p. 295-360.

DYCK, C. J. (Ed.). **Uma introdução à história menonita**. Tradução de Rosely Dyck. Campinas: C. Unida, 1992.

EDWARDS, J. **A verdadeira obra do Espírito**. São Paulo: Vida Nova, 1992.

ELLER, D. B. K. In: ELWELL, W. A. (Ed.). **Enciclopédia histórico-teológica da igreja cristã**. São Paulo: Vida Nova, 1990. p. 400-402. v. 2.

ERICKSON, M. J. **Christian Theology**. Grand Rapids: Baker, 1996.

FARINA, M.; SCHLEIERMACHER, F. D. E. O Cristo arquétipo perfeito do homem inabitado por Deus. In: ZUCAL, S. (Ed.). **Cristo na filosofia contemporânea**: de Kant a Nietzsche. São Paulo: Paulus, 2003. p. 61-94. v. 1.

FERRETTI, G. Immanuel Kant: do Cristo "ideal" da perfeita moralidade ao retorno do Cristo da fé aos "confins" da razão. In: ____. **Cristo na filosofia contemporânea**: de Kant a Nietzsche. São Paulo: Paulus, 2003. p. 39-60. v. 1.

GEISLER, N. **Enciclopédia de apologética**: respostas aos críticos da fé cristã: Karl Barth. São Paulo: Vida, 2002a. p. 101-104.

____. **Enciclopédia de apologética**: respostas aos críticos da fé cristã: Tertuliano. São Paulo: Vida, 2002b. p. 825-26.

GEORGE. T. **Teologia dos reformadores**. São Paulo: Vida Nova, 1994.

GONZÁLEZ, J. L. **Uma história do pensamento cristão**. São Paulo: Cultura Cristã, 2004a. v. 1.

____. ____. São Paulo: Cultura Cristã, 2004b. v. 2.

____. ____. São Paulo: Cultura Cristã, 2004c. v. 3.

____. **The Story of Christianity**: the Early Church to the Present Day. Peabody, Mass.: Prince, 2001.

GRANT, R.; TRACY, D. **A Short History of the Interpretation of the Bible**. Second edition, revised and enlarged. Philadelphia: Fortress Press, 1984.

GRENZ, S. J.; GURETZKI, D.; NORDLING, C. F. **Dicionário de teologia**. São Paulo: Vida, 2002.

GRENZ, S. J.; OLSON, R. E. **20th Century Theology**. God & the World in a Transitional Age. Downers Grove, Ill.: InterVarsity, 1992.

____. **A teologia do século 20**: Deus e o mundo numa era de transição. São Paulo: Cultura Cristã, 2003.

____. **Quem precisa de teologia?** Um convite ao estudo acerca de Deus e de sua relação com o ser humano. São Paulo: Vida, 2001.

GRENZ, S. J.; SMITH, J. T. **Dicionário de ética**. São Paulo: Vida, 2005.

GRIFFITH, H. Nestório, nestorianismo. In: ELWELL, W.A. (Ed.). **Enciclopédia histórico-teológica da igreja cristã**. São Paulo: Vida Nova, 1990. p. 18-19. v. 3.

GRUDEM, W. **Teologia sistemática**. São Paulo: Vida Nova, 1999.

GUNDRY, S. **Teologia contemporânea**. São Paulo: M. Cristão, 1983.

____. Teologia da morte de Deus. In: ELWELL, W. A. (Ed.). **Enciclopédia histórico-teológica da igreja cristã**. São Paulo: Vida Nova, 1990. p. 486-489. v. 3.

HÄGGLUND, B. **História da teologia**. Porto Alegre: Concórdia, 1989.

HAGNER, D. A. Apostolic Fathers. In: MARTIN, R. P.; DAVIDS, P. H. (Ed.). **Dictionary of the Later New Testament & its Developments**. Downers Grove, Ill.: InterVarsity, 1997. p. 82-91.

HALL, C. A. **Lendo as Escrituras com os pais da igreja**. Viçosa: Ultimato, 2000.

HEINZE, R. W. As noventa e cinco teses. In: ELWELL, W. A. (Ed.). **Enciclopédia histórico-teológica da igreja cristã**. São Paulo: Vida Nova, 1990. p. 30. v. 3.

HESSELINK, J. O movimento carismático e a tradição reformada. In: MCKIM, D. K. (Ed.). **Grandes temas da tradição reformada**. São Paulo: Pendão Real, 1998. p. 337-345.

HIGUET, E. A. Teologia e modernidade: introdução geral ao tema. In: VVAA. **Teologia e modernidade**. São Paulo: F. Editorial, 2005, p. 9-31.

HOFFECKER, W. A. Maniqueísmo. In: ELWELL, W. A. (Ed.). **Enciclopédia histórico-teológica da igreja cristã**. São Paulo: Vida Nova, 1990a. p. 471-472. v. 2.

____. Schleiermacher. In: ELWELL, W. A. (Ed.). **Enciclopédia histórico-teológica da igreja cristã**. São Paulo: Vida Nova, 1990b. p. 357-359. v. 3.

HORDERN, W. E. **Teologia protestante ao alcance de todos**. Rio de Janeiro: Juerp, 1986.

HÖRSTER, G. **Introdução e síntese do Novo Testamento**. Curitiba: E. Esperança, 1996.

HOUSE, H. W. **Teologia cristã em quadros**. São Paulo: Vida, 1999.

HOUSTON, J. M. **Mentoria espiritual**: o desafio de transformar indivíduos em pessoas. São Paulo: Sepal, 2003.

JOHNSTON, R. K. F. In: ELWELL, W. A. (Ed.). **Enciclopédia histórico-teológica da igreja cristã**. São Paulo: Vida Nova, 1990. p. 164-165. v.2.

KELLY, J. N. D. **Doutrinas centrais da fé cristã**: origem e desenvolvimento. São Paulo: Vida Nova, 1994.

KEMPIS, T. de. **A imitação de Cristo**. São Paulo: Shedd, 2001.

KERN, W. Georg Wilhelm Friedrich Hegel: o Cristo "conservado" pela filosofia contra os teólogos e profissão. In: ZUCAL, S. (Ed.). **Cristo na filosofia contemporânea**: de Kant a Nietzsche. São Paulo: Paulus, 2003. p. 149-184.

KIRK, A. Cristianismo e marxismo. In: KEELEY, R. (Org.). **Fundamentos da teologia cristã**. São Paulo: Vida, 2000. p. 132.

KLEIN, C. J. A teologia liberal e a modernidade. In: VVAA. **Teologia e modernidade**. São Paulo: F. Editorial, 2005. p. 33-60.

LANE, T. **Pensamento cristão**. São Paulo: Abba Press, 1999. v. 2.

____. O lugar da tradição. In: KEELEY, R. (Org.). **Fundamentos da teologia cristã**. São Paulo: Vida, 2000. p. 11.

LA ROCCA, T. Karl Marx: o "Cristo explícito" e o "Cristo implícito" – "Cristologia como dialética". In: ZUCAL, S. (Ed.). **Cristo na filosofia contemporânea**: de Kant a Nietzsche. São Paulo: Paulus, 2003. p. 241-278.

LASOR, W. S.; HUBBARD, D. A. H.; BUSCH, F. W. **Old Testament Survey**. 2. ed. Grand Rapids: Eerdmans, 1996.

LATOURETTE, K. S. **A History of Christianity**. Revised edition. Peabody, MA: Prince Press, 1997.

LINDBERG, C. **As reformas na Europa**. São Leopoldo: Sinodal, 2001.

LOHSE, B. **A fé cristã através dos tempos**. São Leopoldo: Sinodal, 1972.

LOPES, A. N. **A hermenêutica da teologia da libertação**: uma análise de Jesus Cristo libertador, de Leonardo Boff. Fides Reformata. Disponível em: <http://www.mackenzie.br/fileadmin/Mantenedora/CPAJ/revista/VOLUME_III_1998_2/a_herra....pdf>. Acesso em: 9 ago. 2015.

MARTIN, D. D. Misticismo. In: ELWELL, W. A. (Ed.). **Enciclopédia histórico-teológica da igreja cristã**. São Paulo: Vida Nova, 1990. p. 533-537. v. 2.

MARTÍNEZ, A. E. Rudolf Bultmann. In: GONZÁLEZ, J. L. (Ed.). **Dicionário ilustrado dos intérpretes da fé**: vinte séculos de pensamento cristão. Santo André: A. Cristã, 2005. p. 134-136.

MARTINS, J. G. Teologia feminista e modernidade. In: VVAA. **Teologia e modernidade**. São Paulo: F. Editorial, 2005. p. 201-251.

MCCARTHY. J. G. **O evangelho segundo Roma**: comparando a tradição católica e a Palavra de Deus. Queluz, Portugal: Núcleo, 2006.

MCDONALD, L. M. Cânon. In: MARTIN, R. P.; DAVIDS, P. H. (Ed.). **Dictionary of the Later New Testament & its Developments**. Downers Grove, Ill.: InterVarsity, 1997. p. 134-144.

MCGRATH. A. E. **Christian Theology**: an Introduction. 2. ed. Malden, Mass.: Blackwell, 2000.

____. **Historical Theology**: an Introduction to the History of Christian Thought. Malden, Mass.: Blackwell, 1998.

____. **Origens intelectuais da reforma**. São Paulo: Cultura Cristã, 2007.

____. **Teologia sistemática, histórica e filosófica**: uma introdução à teologia cristã. São Paulo: Shedd, 2005.

MCINTIRE, C. T. Fundamentalismo. In: ELWELL, W. A. (Ed.). **Enciclopédia histórico-teológica da igreja cristã**. São Paulo: Vida Nova, 1990. p. 187-191. v. 2.

MCKIM, D. K. Ex opere operato. In: ELWELL, W. A. (Ed.). **Enciclopédia histórico-teológica da igreja cristã**. São Paulo: Vida Nova, 1990. p. 130. v. 2.

____. **Grandes temas da tradição reformada**. São Paulo: Pendão Real, 1998.

MCNEILL, J. T. A igreja na teologia reformada do século dezesseis. In: MCKIM, D. K. (Ed.). **Grandes temas da tradição reformada**. São Paulo: Pendão Real, 1998. p. 150-159.

MEADOWS, A. J. As origens cristãs da ciência. In: KEELEY, R. (Org.). **Fundamentos da teologia cristã**. São Paulo: Vida, 2000. p. 140.

MENZIES, W. W.; MENZIES, R. P. **No poder do espírito**: fundamentos da experiência pentecostal, um chamado ao diálogo. São Paulo: Vida, 2002.

MICHAELIS: dicionário prático da língua portuguesa. São Paulo: Melhoramentos, 2001.

MICKEY, P. A. Metodismo. In: ELWELL, W. A. (Ed.). **Enciclopédia histórico-teológica da igreja cristã**. São Paulo: Vida Nova, 1990. p. 511-514. v. 2.

MILNE, B. **Estudando as doutrinas da Bíblia**. São Paulo: ABU, 1987.

MONDIN, B. **Curso de filosofia**. São Paulo: Paulus, Paulinas, 2002, 1999, 1987. v. 3.

____. **Os grandes teólogos do século XX**. São Paulo: Paulinas, 1987

____. ____. São Paulo: Teológica, 2003.

NICHOLS, R. H. **História da igreja cristã**. São Paulo: C. E. Presbiteriana, 1960.

____. Pietismo. In: ELWELL, W. A. (Ed.). **Enciclopédia histórico-teológica da igreja cristã**. São Paulo: Vida Nova, 1990. p. 149-153. v. 3.

OBITTS, S. R. Conceito cristão de filosofia. In: ELWELL, W. A. (Ed.). **Enciclopédia histórico-teológica da igreja cristã**. São Paulo: Vida Nova, 1990. p. 172-175. v. 2.

OLSON, R. E. **História das controvérsias da teologia cristã**: 2000 anos de unidade e diversidade. São Paulo: Vida, 2004.

____. **História da teologia cristã**: 2000 anos de tradição e reformas. São Paulo: Vida, 2001.

____. **The Story of Christian Theology**. Twenty Centuries of Tradition & Reform. Downers Grove, IL: InterVarsity, 1999.

OSBORNE, R. **3 Crucial Questions About the Bible**. Grand Rapids, Mich.: Baker, 1995.

____. **Filosofia para principiantes**. Rio de Janeiro: Objetiva, 1998.

PACKER, J. I. A teologia e a leitura da Bíblia. In: DYCK, E. (Ed.). **Ouvindo a Deus**: uma abordagem multidisciplinar da leitura bíblica. São Paulo: Shedd Publicações, 2001. p. 79-107.

____. Deus dos pais da igreja aos nossos dias. In: KEELEY, R. (Org.). **Fundamentos da teologia cristã**. São Paulo: Vida, 2000. p. 94-99.

PACKER, J. I. **Na dinâmica do Espírito**: uma avaliação das práticas e doutrinas. São Paulo: Vida Nova, 1991.

PIERARD, R. V. Albrecht Ritschl. In: ELWELL, W. A. **O evangelho da prosperidade**: análise e crítica. São Paulo: Vida Nova, 1993.

PINTO, J. R. S. Montanismo: uma breve reconstrução histórica. **Vox Scripturae**, v. 4, n. 2, p. 175-82, 1994.

QUEM DISSE. **Sócrates**. Disponível em: <http://quemdisse.com.br/frase.asp?frase=7442>. Acesso em: 10 nov. 2015.

REALE, G.; ANTISERI, D. **História da filosofia**: Antiguidade e Idade Média. São Paulo: Paulus, 1990. v. 3.

RODRIGUES, R. G. Compreendendo o universo pentecostal e estabelecendo as bases para o diálogo. **Revista de Cultura Teológica**. ano 3, n. 13, out./dez. 1995. Disponível em: <http://revistas.pucsp.br/index.php/culturateo/article/view/14241/12126>. Acesso em: 9 ago. 2015.

____. **O evangelho da nova era**: uma análise e refutação bíblica da chamada Teologia da Prosperidade. São Paulo: Abba Press, 1993.

RODRIGUÉZ, E. L. Friedrich Schleiermacher. In: GONZÁLEZ, J. L. (Ed.). **Dicionário ilustrado dos intérpretes da fé**: vinte séculos de pensamento cristão. Santo André: A. Cristã, 2005, p. 574-578.

ROLDÁN, A. F. **Do terror à esperança**: paradigmas para uma escatologia integral. Londrina: Descoberta, 2001.

____. **Para que serve a teologia**? Método, história, pós-modernidade. Londrina: Descoberta, 2000.

SANTOS, J. P. dos. Teologia da libertação e exclusão no século 21. In: VVAA. **Teologia e modernidade**. São Paulo: F. Editorial, 2005. p. 167-199.

SAYÃO, L. **Cabeças feitas**: filosofia prática para cristãos. 2. ed. São Paulo: G. I. Cristão, 1998.

____. Karl Marx. In: ELWELL, W. A. (Ed.). **Enciclopédia histórico-teológica da igreja cristã**. São Paulo: Vida Nova, 1990. p. 83-484. v. 2.

SCHAEFFER, F. A. **A morte da razão**. 8. ed. São Paulo: ABU, 2001.

____. **O Deus que intervém**: o evangelho para o homem de hoje. São Paulo: ABU, 1981.

SCHERER, J. A. **Evangelho, igreja e reino**: estudos comparativos de teologia da missão. São Leopoldo: Sinodal, 1991.

SEEBERG, R. **Manual de historia de las doctrinas**. Buenos Aires: Casa Bautista de Publicaciones, 1967.

SHAW, M. **Lições de mestre**: 10 insights para a edificação da igreja local. Tradução de Tarbas Aragão. São Paulo: M. Cristão, 2004.

SHEDD, R. P. **A justiça social e a interpretação da Bíblia**. São Paulo: Vida Nova, 1984.

_____. **Lei, graça e santificação**. São Paulo: Vida Nova, 1992.

SILVA, A. F. da; CARDOSO, L. de S. Teologia ecumênica e modernidade: uma síntese do movimento ecumênico na história. In: VVAA. **Teologia e modernidade**. São Paulo: F. Editorial, 2005. p. 61-100.

SPROUL, R. C. **Filosofia para iniciantes**. São Paulo: Vida Nova, 2002.

STOTT, J. R. W. **A cruz de Cristo**. 2. ed. Deerfield, FL: Vida, 1992.

_____. **A mensagem do sermão do monte**: contracultura cristã. São Paulo: ABU, 2001a. Série A Bíblia Fala Hoje.

_____. **A verdade do evangelho**: um apelo à unidade. São Paulo: ABU, 2000.

_____. **Crer é também pensar**: a importância da mente na vida cristã. São Paulo: ABU, 2001b.

_____. **Cristianismo equilibrado**. Rio de Janeiro: CPAD, 1995.

TILLICH, P. **História do pensamento cristão**. São Paulo: Aste, 1988.

_____. **História do pensamento cristão**. 2. ed. São Paulo: Aste, 2000.

_____. **Perspectivas da teologia protestante nos séculos XIX e XX**. 2. ed. São Paulo: Aste, 1999.

TOMASONI, F. Ludwig Feuerbach: o Deus pessoal e o homem. In: ZUCAL, S. (Ed.). **Cristo na filosofia contemporânea**: de Kant a Nietzsche. São Paulo: Paulus, 2003. p. 218-240.

TUTTLE JÚNIOR, R. G. Wesley, João. In: ELWELL, W. A. (Ed.). **Enciclopédia histórico-teológica da igreja cristã**. São Paulo: Vida Nova, 1990. p. 642-644. v. 3.

VANNINI, M. Friedrich Nietzsche: uma relação de amor-ódio com Jesus e uma surpreendente tentativa de identificação. In: ZUCAL, S. (Ed.). **Cristo na filosofia contemporânea**: de Kant a Nietzsche. São Paulo: Paulus, 2003. p. 499-529.

VIEIRA, S. **O império gnóstico contra-ataca**: a emergência do neognosticismo no protestantismo brasileiro. São Paulo: Cultura Cristã, 1999.

VIER, F. F. (Cord.). **Compêndio do Vaticano II**: constituições, decretos, declarações. Petrópolis: Vozes, 1983.

VIERTEL, W. E. **A interpretação da Bíblia**. Rio de Janeiro: Juerp, 1989.

VIOLA, F. A. **Cristianismo pagão**. As origens pagãs das práticas de nossa igreja moderna. Disponível em: <http://www.lulu.com/items/volume_63/2185000/2185033/1/print/2185033.pdf>. Acesso em: 8 set. 2015.

WALLS, A. F. Gnosticismo. In: DOUGLAS, J. D. (Ed.). **O novo dicionário da Bíblia**. São Paulo: Vida Nova, 1962. p. 674-675.

WALTON, R. C. A compreensão que a igreja tem de Cristo. In: KEELEY, R. (Org.). **Fundamentos da teologia cristã**. São Paulo: Vida, 2000a. p. 47-52.

____. **História da igreja em quadros**. São Paulo: Vida, 2000b.

ZAMBRANO, A. João Wesley. In: GONZÁLEZ, J. L. (Ed.) **Dicionário ilustrado dos intérpretes da fé**: vinte séculos de pensamento cristão. Santo André: A. Cristã, 2005. p. 662-665.

ZILLES, U. **Filosofia da religião**. São Paulo: Paulus, 2002.

bibliografia comentada

Nesta sessão, vamos ressaltar algumas obras que ajudarão a aprofundar mais seu conhecimento no que diz respeito aos temas trabalhados nesta obra.

GONZÁLEZ, J. L. **Uma história do pensamento cristão**. São Paulo: Cultura Cristã, 2004a. v. 1.

____. **Uma história do pensamento cristão**. São Paulo: Cultura Cristã, 2004b. v. 2.

____. **Uma história do pensamento cristão**. São Paulo: Cultura Cristã, 2004c. v. 3.

No primeiro volume dessa obra, o autor aborda o início até o Concílio de Calcedônia. No segundo volume, abrange Agostinho às vésperas da Reforma e, no terceiro volume, trata da Reforma Protestante até o século XX.

HÄGGLUND, B. **História da teologia**. Porto Alegre: Concórdia, 1989.

Hägglund aborda, de maneira clara e objetiva, muitos dos temas importantes que estudamos aqui. No primeiro capítulo, o autor fala sobre os Pais Apostólicos e apresenta pontos importantes sobre o entendimento deles no que diz respeito à justiça, à salvação e ao pecado, bem como o entendimento das Escrituras, da doutrina de Cristo e da igreja.

OLSON, R. E. **História da teologia cristã**: 2000 anos de tradição e reformas. São Paulo: Vida, 2001.

No terceiro capítulo dessa obra, Olson apresenta a ideia e os diferentes pensamentos dos apologistas, expondo de maneira clara quem eram esses homens.

No Capítulo oito, o autor fala sobre a importância da organização da igreja, o papel dos bispos, a questão da regra da fé e o desenvolvimento do cânon bíblico.

No Capítulo 17, aborda a vida de Agostinho e também pontos importantes do pensamento dele, como o bem e o mal, a igreja e os sacramentos, a graça e o livre-arbítrio e outros aspetos importantes.

No Capítulo 20, o autor explora o grande Cisma, ou seja, a divisão da Igreja do Oriente e da Igreja do Ocidente.

No Capítulo 22, aborda a vida de Tomás de Aquino, apresentando aspectos como a vida e a carreira desse personagem, o método teológico, o conceito de fé e de teologia natural, o entendimento sobre a doutrina de Deus e a doutrina da salvação.

No Capítulo 24, o autor fala sobre a vida de Martinho Lutero e sobre pontos importantes do pensamento dele. O conhecimento de Deus segundo Lutero e a justificação são outros pontos importantes.

TILLICH, P. **História do pensamento cristão**. São Paulo: Aste, 1988.

Nessa obra, o autor fala sobre "a teologia dos reformadores protestantes" e também sobre a vida de Martinho Lutero e suas ideias, como a doutrina de Cristo, a igreja e o Estado, apresentando pontos importantes da vida e da obra de João Calvino e ressaltando a ideia dele sobre a majestade de Deus, a providência e a predestinação à vida cristã e a autoridade das Escrituras.

Capítulo 1

1. d
2. b
3. d
4. c
5. d

Capítulo 2

1. c
2. a
3. b
4. c
5. b

Capítulo 3

1. a
2. c
3. c
4. a
5. c

Capítulo 4

1. a
2. b
3. d
4. c
5. a

Capítulo 5

1. c
2. c
3. a
4. c
5. a

Capítulo 6

1. c
2. c
3. b
4. b
5. d

Capítulo 7

1. b
2. a
3. b
4. c
5. b

sobre o autor

Roberto L. Renner nasceu em 1968 na cidade de Toledo, no Estado do Paraná. É graduado em Pedagogia (1997) pela Pontifícia Universidade Católica do Paraná (PUCPR), tem formação em Teologia (1994) pelo Seminário Bíblico Irmãos Menonitas de Curitiba e é mestre em Educação (2005) pela Universidade Tuiuti do Paraná (UTP). Atualmente, exerce o cargo de diretor de uma escola de educação infantil e ensino fundamental 1 e 2, além de atuar como professor nos cursos de Teologia e Pedagogia, presenciais e a distância.

Impressão:
Dezembro/2015